知识生产的原创基地
BASE FOR ORIGINAL CREATIVE CONTENT

颉腾商业
JIE TENG BUSINESS

驾驭趋势

新技术驱动下的
社会大转型与商业大变革

[德] 伯纳德·马尔（Bernard Marr）著

吕静薇 吕伯龙 译

Business Trends
in Practice

The 25+ Trends
That are Redefining Organizations

中国广播影视出版社

图书在版编目（CIP）数据

　　驾驭趋势：新技术驱动下的社会大转型与商业大变革/（德）伯纳德·马尔（Bernard Marr）著；吕静薇，吕伯龙译. -- 北京：中国广播影视出版社，2023.9
　　书名原文：Business Trends in Practice: The 25+ Trends That are Redefining Organizations
　　ISBN 978-7-5043-9094-3

　　Ⅰ.①驾… Ⅱ.①伯… ②吕… ③吕… Ⅲ.①技术革新—研究 Ⅳ.①F062.4
　　中国国家版本馆CIP数据核字(2023)第153379号

驾驭趋势
新技术驱动下的社会大转型与商业大变革

[德] 伯纳德·马尔（Bernard Marr）　著

吕静薇　吕伯龙　译

策　　划	颉腾文化	
责任编辑	王　萱　赵之鉴	
责任校对	张　哲	

出版发行	中国广播影视出版社
电　　话	010-86093580　010-86093583
社　　址	北京市西城区真武庙二条 9 号
邮　　编	100045
网　　址	www.crtp.com.cn
电子信箱	crtp8@sina.com

经　　销	全国各地新华书店
印　　刷	涿州市京南印刷厂

开　　本	155 毫米 ×220 毫米
字　　数	205（千）字
印　　张	16.5
版　　次	2023 年 9 月第 1 版　2023 年 9 月第 1 次印刷

书　　号	ISBN 978-7-5043-9094-3
定　　价	79.00 元

献给我的妻子克莱尔，我的孩子索菲亚、詹姆斯和奥利弗，以及每一个将受到这些趋势的启发，让世界变得更美好的人

CONTENTS | **目录**

在变革中乘风破浪

第一部分

我们的世界在日新月异地发生变化，变化的步伐在持续加速。企业领导者们一直在讲，跟上变革的步伐并随势而变是非常具有挑战性的。这话我完全赞同。变革的节奏之快，尤其是（但不仅仅是）技术变革之快，时常让我备受震撼。即便身为未来主义者，我也这么说！

简而言之，本书的创作灵感便源于此。我希望为企业领导者们提供一种方便易懂的概括性论述，让他们了解这些正在改变企业经营模式的主流趋势。在为企业和政府机构提供咨询的过程中，我发现无论企业规模大小，无论身处哪个行业，同样的变革似乎一再重复出现。本书将这些见解和观察汇总成册，希望企业领导者们可以从其他行业中获取经验，借此将自己的企业建设得更加成功、更具灵活性和适应性，能够更好地应对即将到来的变革。简单说，写这本书的目的，就是帮助创业领导者们驾驭变革的浪潮。

我认为，未来主义者必须要务实。所以我并没有去描述那种幻想中的企业乌托邦，而是跳过各种天花乱坠的宣传，将每一个企业趋势凝练成实用的见解，一些企业领导者可以直接付诸行动的见解。

作为辅助，我加入了许多真实的案例来展示其他企业如何适应和应对变革。其中各类企业的案例都有，从新兴的生态厕纸制造商到传统的制造商，再到科技巨头，以及处于中间段的林林总总的企业。我想证明的是，本书中所谈及的变化趋势适用于所有企业，无论规模大小，无论哪个行业。

本书内容包括：

- 第一部分，我将从探究引起这些巨大变革的社会及技术驱动力开始谈起。
- 第二部分，我会探究这些趋势对关键行业的影响，以说明这种合力的影响是多么具有变革性。（在此必须强调的是，文中只讲到一些最重要的行业。如果你所在的行业未被谈及，也请不要跳过这部分不读，文中的见解和思路与你的行业一定相关。）
- 第三部分，重点关注正在出现的主要消费趋势。这些趋势可能会促使企业反思其产品和服务，以及提供产品和服务的新方式。
- 第四部分，在消费趋势的基础上讨论影响企业内部运行的关键趋势。换言之，除了再思考产品和服务，企业还必须反思企业的运营模式。
- 在最后一章中，我会将所有趋势（它们经常互相关联，有时又根本不同甚至相互矛盾）全部集合到一起，形成在更广泛意义上的重要经验教训。期望对大家的未来发展有所裨益。

除了帮助企业领导者们在变革大潮中乘风破浪，本书的核心内容还有一个更为高远的目标。大家在下一章中可以看到，受到这些变革力量影响的不仅仅是企业，整个社会都面临着巨大的变化和挑战。通过建设更优秀的企业来共同应对世界所面临的复杂问题，共创未来。如果本书能够在构建这一宏大目标中尽微薄之力，我将不胜欢喜。

第 1 章

影响未来企业发展的
五大全球性变化

　　本书的主题是企业发展趋势。所有企业都会不断受到外部环境的影响，没有哪一个企业可以超然世外，丝毫不受影响地独立运行。本书便是以此为出发点，从世界政治、经济及社会的一些重大发展趋势开始谈起。

　　在第 1 章中，我将提纲挈领地介绍企业领导者在做未来规划时必须关注到的五大全球性变化。这可不是"知道就好"的那种简单章节。这些发展趋势将给企业业务带来重大影响（本章末尾会附上一些实用的经验）。本章所概括的每一个全球性变化都将指明未来的商机所在，未来最成功的企业将是那些能够正确应对并顺应变化的企业。当然从另一个方面讲，全球性变化也将使企业面临各种险境，尤其是落伍掉队的风险。其结果就是，很多企业势必会被挤出赛道，被那些更加具有前瞻性的对手所超越。

　　本章写作中让我印象最为深刻的是，很多发展趋势竟是各不相同的。比如，我们看到文化融合的同时，也看到了越来越明显的文化分歧。从表面上看，这个问题有点让人挠头。或许两者互为因果，又或许这正是我们所处的令人困惑而不确定的世界的一种表象。但有一点确定无疑：企业必须同时应对多种走向不同的发展趋势。适应新时代的不确定性可能意味着要重新考虑企业业务范围和运营模式（本书第 3、4 章将重点讨论）。现在，我们先从与地球的关系入手，深入探讨一下正在出现的五大全球性变化。

趋势 1：
人类与地球的关系正在变化

说得委婉一点，就是我们和地球的关系还没有达到最好的状态。打着促进繁荣的幌子，人类砍伐森林、燃烧碳物质、挖矿、污染水道。至少对西方国家来说，它们得偿所愿。自然资源的使用已经带来了巨大的繁荣，但同时也导致气候变化、生态系统的崩溃、生物多样性的缺失、化学及塑料污染以及自然资源（尤其是水资源）的减少。因此，我们的星球正处于巨大的压力之下，其表现形式为天气异常和自然灾害，而这些异常状况又会转而造成农作物生产、食品安全、移民以及更多方面的问题。

有关正在出现的气候危机的一些思考：

- 气候变化发生得太迅速，很多物种无法适应。联合国政府间气候变化专门委员会表示，全球平均地表温度上升 1.5 摄氏度，就可能导致多达 30% 的物种濒临灭绝。上升 2 摄氏度，大多数生态系统将处于水深火热之中。以此为参考，1906 年以来全球平均地表温度已经上升了 0.9 摄氏度（极地地区的数据甚至更高）。
- 到 21 世纪末，有 1.5 亿~2 亿人将被迫迁移，撤离即将被水淹没的陆地。
- 造成温室气体排放量最大的几类构成：农业与林业（导致全球 18.4% 的排放量）、工业能源使用（24.2%）、建筑业能源使用（17.5%）以及交通运输业（16.2%）。

- 我们宝贵的资源正面临巨大的困境。淡水仅占全球总水量的 2.5%（其中一半是冰），所以不难理解，现在已经有 18 亿人生活在水资源匮乏中。更令人担忧的是，预计到 2025 年，将有 52 亿人面临缺水的困境。

- 对土地（尤其是农用土地）的争夺将愈演愈烈。许多国家，例如沙特阿拉伯，已经开始在非洲寻求土地。对像土地和水资源这样有限资源的全球竞争势必会随着人口的增长而加剧。

- 将出现对稀土的全球争夺战。稀土是从地下发掘的非常重要的矿物质，用于如锂离子电池、电动汽车等各种用途。

- 为了跟上人口不断增长的步伐（稍后在本章会进一步谈到全球的人口结构），一个经常被引用的数据是：到 2050 年，农作物产量和动物产量也必须翻一番。还有更为保守的预测认为，由于近年来食品生产已经有所增长，我们可能只需要在 2050 年以前完成 26%~68% 的增长即可。但对已经举步维艰的地球来说，这依然是一个巨大的涨幅。

- 塑料污染是另一个紧迫的问题。一次性塑料生产占每年塑料产量的 40%。这意味着一些可能只用了几分钟的东西最终会存留几百年。每年有大约 800 万吨的塑料垃圾被倾倒入海洋（相当于全世界每英尺①的海岸线上堆放着 5 个废弃垃圾袋）。由于塑料产品在 2050 年预计会翻一番，这个问题也必然会更为严重。

　　如果我们人类与地球是恋人关系，那人类一定会被贴上"有毒"的标签。地球的好朋友可能会不停地劝她，说她可以有更好的选择。所以我们人类必须好好表现，与地球建立一种更为平衡的、可持续的关系。

---

① 1 英尺 =0.3048 米。

然而，正在发生的气候灾害也许是人类从未面临过的最大挑战。所以我们应当如何应对如此巨大的困难呢？比尔·盖茨在他那本叫作《气候经济与人类未来》的书中指出，人类每年向大气中排放510亿吨温室气体。要想阻止全球变暖，避免气候变化的恶劣影响，我们需要在2050年以前将这个排放量降低到零。再说一遍：降低到零！

这样做的问题当然是，大多数零碳能源解决方案的成本要比化石燃料解决方案的成本高。（盖茨将这种价格差异称为"绿色溢价"。）他说，使用绿色溢价作为决策工具有助于我们决定采用哪种零碳解决方案，哪种非环保商品应该定价高些，以及目前哪些零碳方案还不够便宜，需要投资哪些新的创新方案（盖茨推动的创新包括核聚变、海基去碳法以及空气碳捕获等）。

盖茨的书写得很有趣，推荐大家都去读一读。虽然他的想法很棒也很实用，我们却无法忽视一个事实，那就是解决气候危机是全体人类的责任，需要各个国家齐心协力、集体行动。世界经济与政治权力结构也在经历巨大的变化。这一事实只会使全球合作更加困难。于是便引出了我们的下一个议题。

趋势 2：
经济与政治权力的转变

世界经济与政治秩序正在发生变化。到2050年，世界上的经济与政治强国名单也将与目前的构成迥然不同。

"新兴七国"（E7）包括中国、印度、巴西、墨西哥、俄罗斯、印度尼西亚和土耳其。这些国家的经济预计会超过"七国集团"（G7）发达经济体。

让我们来看看下面这组数据所展现出的，在国家实力方面即将发生的惊人变化：

- 到 2050 年，欧盟 27 国（EU27）在全球 GDP 总量中所占份额仅剩 9%。
- 到 2050 年，印度将在全球 GDP 排名中位列第二，领先于美国，印度尼西亚将排名第四位，而英国的排名可能会降到第十位。
- 新兴七国经济体的增长速度可能是七国集团的两倍左右。实际上到 2040 年，新兴七国的综合经济实力就有可能是七国集团的两倍。其根据是，1995 年的时候新兴七国的综合经济实力还是七国集团的一半，到了 2015 年已经与其持平。

在这之后还有"未来十一国"（Next 11）经济体，其中包括孟加拉国、埃及、尼日利亚、巴基斯坦和越南等国家。这些经济体预计到 2030 年就会在全球实力上超越欧盟 27 国。

总而言之，西方已经蓬勃发展了几个世纪，如今这种局势即将发生改变。"新兴七国"和"未来十一国"在全球经济以及全球政治中产生的影响力将日渐增强。

这样的权力更替无疑将导致新的紧张局势，特别是在当世界上最宝贵的资源越来越稀缺之时。也许我们还会见证围绕技术展开的新一轮冷战。换言之，技术发展并没有让这个世界联系得更加紧密，反而会加剧全球紧张局势，导致分歧的日益增长。

趋势 3：
日益加剧的分化与极化

历经几十年的全球化进程，世界各国间的联系变得更加紧密后，现在已经有迹象表明国与国之间（包括其参与的联盟与体系）正在互相脱离。近几年来已经发生了若干个值得关注的政治分裂和分歧加剧的例子。在美国，前总统特朗普退出了减缓气候变化的《巴黎协定》，宣布美国计划退出世界卫生组织，甚至扬言要退出北大西洋公约组织。英国脱欧。事实上在英国，脱欧凸显出社会多数群体已经变得很极端，他们很少也没有能力看到对方的观点。人们开始因为政治观点不同而与朋友、邻居及家人发生争吵。美国选民在 2020 年大选中也有过类似的经历。群体在意识形态方面越来越分裂，包括选民群体和社会群体（想想常见的那些围绕女权主义或者跨性别者权力展开的唇枪舌剑就明白了）。根据 2019 年皮尤研究中心（Pew Research Center）的调查，2016 年以来党派间的分歧与敌意不断加深。63% 的共和党人认为民主党人比非民主党美国人"更不爱国"，55% 认为民主党人更加不道德。而同时，75% 的民主党人认为共和党人比其他美国人思想更加保守，47% 认为共和党人更加不道德。

简而言之，这个世界感觉比以往任何时期都更加两极分化。这很疯狂，又令人不安。我认为，失去对对方观点的认知会给我们的民主和社会带来危险，而这恰恰就是这个世界正在发生的事情。

信息与分析公司埃信华迈（IHS Markit）对 2025 年的世界前景进行了预测，认为"碎片化世界"是最有可能的。报告中说，届时美国、欧盟成员国及其他主要国家都将退出全球化，并将重心转移到国内。当然这只是预测，但新冠疫情危机及其所带来的经济后果很可能会强化它们这种重心内移、集中精力解决国内问题的愿望。

产生分化与极化的原因有很多。没有全球公敌或者外部威胁让各个国家团结在一起。当然，我们也不能忽视内容贫瘠的社交媒体所带来的影响。这些媒体只会把它们想让你了解的内容拿给你看。根据社交媒体的运算法则，我们每个人看到的新闻都是不同的。我们看到的，是一系列符合个人习惯、兴趣和信仰的内容，这就是所谓的"过滤气泡"。这些信息是我们容易感知到的，于是我们每个人都深陷在各自的"气泡"中，开始相信这个世界正如我们亲眼所见的那样。假新闻在这种环境中传播很快，因为与你身处同一个"过滤气泡"中的人跟你的观点一致，而当你关注的人在分享和谈论某个假新闻时，你会更容易相信。此时此刻，真正的问题，以及协力解决社会问题的需求，都迷失在这一片聒噪中。

因此技术将会在这种日益严重的分化与极化中发挥重要的作用。我曾经提出过未来的技术"冷战"，从一些国家限制企业出口技术服务并阻止公民访问某些网站这一做法中我们能够看出一些端倪。未来我们还会在这方面有更多的体会。甚至现在有一个专门的词来命名这种互联网的分裂局面：碎片网络。实际上，俄罗斯已经确认该国建立了一个网络系统，可以允许俄罗斯与外部世界完全脱离，独立运营。

另一个可能加剧极化与分化的因素是种族和民族的多元化。尽管多元化对社会是一种长期利益，但在短期内，它可能引发社会和政治矛盾以及信任破裂。说到这，就引出了我们的下一个主题。

趋势 4：
人口结构的变化

2050 年，甚至从 2030 年开始，全球人口就会呈现出与今天截然不同的样貌。人口的增长与老龄化会由于地域不同而有所不同。我们将看到更为迅猛的城市化进程和更多的特大城市。正如我在前文中所述，气候变迁可能会导致数亿人流离失所、背井离乡。

我们先来快速了解一下人口的变化：

- 根据联合国在 2019 年的预测，世界人口将在未来 31 年增长 20 亿，也就是从 2019 年的 77 亿增长至 2050 年的 97 亿。
- 然而也有近期预测表明，人口高峰可能会更早到来。人口在 2064 年会增长至 97 亿，而到 21 世纪末又会回落至 88 亿。换言之，人口增长似乎正在放缓，尤其是因为越来越多的女性现在可以选择生育更少的孩子。
- 虽然全球人口数量还在持续增长，但由于人口迁移和低出生率等因素，有些国家出现了人口下降。例如，俄罗斯的人口预计在 2006 年至 2030 年将减少 1800 万，日本人口预计减少 1100 万。
- 更重要的是，世界人口正趋向老龄化。全世界都在复制这一趋势。2006 年，全球 65 岁及以上人口达到近 5 亿。到 2030 年，这个数字预计会增至 10 亿，占世界总人口的 1/8。这是好消息，说明人类改善了医疗保健和生活水平，延长了寿命，但也确实给社会和经济造成压力。
- 人口也在流动。城市地区的人口数量迅速增长。世界城市人口已经从 1950 年的 7.51 亿增长至 2018 年的 42 亿。目前，全球 55% 的人口居住在城市地区，到 2050 年，这一比例将上升至 68%。亚洲容纳了全世界 54% 的城市人口。
- 特大城市（根据联合国的定义，人口超过 1000 万的城市）的数量也在增加。截至 2030 年，世界特大城市的数量将从 2018 年的 33 个增长到 43 个。

- 我们所居住的城市将会变得越来越"聪明"且相互关联。到 2025 年，全球将出现超过 25 个智能城市（其中超过 50% 将分布在欧洲和北美洲）。
- 同时，向城市生活的转变将促进发展中国家的巨大经济增长。到 2025 年，发展中经济体的新兴特大城市 GDP 占世界 GDP 总量的比例将超过发达的特大城市。这将继而引发消费阶层的增长。到 2030 年，世界上将有 66% 的中产阶级生活在亚洲。

上面提到的每一个因素都会带来机遇和挑战。例如对长寿，我们必须提前规划。由于高龄导致的慢性病会增加；医疗保健和社会保险的成本会上升；工作方式与退休模式将会改变；随着适工人数与退休人数的比例发生变化，社会老龄化整体而言会影响经济的发展。（目前欧洲每 4 名在适工年龄的人员对应 1 名老年人，但这个比例到 2050 年会降至 2：1。）

再例如，不断增长的城市人口和中产阶级也创造了很多机遇。但我们必须确保城市发展的可持续性，还要想办法应对全球不平等问题。目前，全世界最富有的 1% 人口掌握着全球 44% 的财富，这似乎一点都不公平。根据联合国的数据，这种不公平影响着全球 70% 以上的人口，且在世界各地都呈上升趋势，包括快速发展经济体。这正是全球趋势向反向发展的又一例证，越来越多的人口摆脱了贫困，中产阶级的数量增长，但贫富差距也在日益扩大。

不断加剧的不平等问题必须从国家和国际层面解决。甚至，我们可能得重新考量经济制度和民主制度，改良那些不再满足需求的体系。如果不平等的问题得不到解决，分裂、分化和极化问题都将加剧，经济发展和社会发展也都会受到限制。

最后，我们再来看看正在发生的社会和文化变迁。

趋势 5：
社会、文化和职场的变化

我发现有一点很有趣，虽然这个世界似乎比以往更加两极分化，但我们也看到了不同文化间更大程度的融合。比如好莱坞电影对其他文化的影响，或者韩国男团组合 BTS 所产生的全球号召力。全球65% 的人都认为我们之间的同大于异。当然，我们所处的是一个多样化和个性化的时代。研究表明，个人主义属于全球现象，而并非只是西方的潮流。我们再次见证了全球发展趋势不尽相同。

我们简要看一下社会、文化和职场的变化：

- 结婚率下降。到 2030 年，单身家庭成为增长最快的家庭形态。
- 性别差距依然是一个令人沮丧的顽疾。与男性相比，女性参与劳动力市场的可能性更小，失业的可能性更大，弱势就业率过高，在晋升最高领导职位的时候受限，薪酬也低于男性。最重要的是，新冠疫情危机所带来的社会经济影响似乎给女性造成了尤为严重的冲击。
- 缩小性别差距很重要，不仅仅有益于女性，更有益于整个社会。在成功缩小性别差距的国家与其经济表现之间存在着非常明显的正相关联，而且缩小性别差距意味着到 2030 年全球人均收入将增长至少 20%。
- 职场中 Z 世代（1997 年至 2012 年出生）和千禧一代（也称 Y 世代，1981 年至 1996 年出生）的人数增加，婴儿潮一代即将退休。随着劳动力构成发生变化，职场中人的需求和期望也相应发生变化。婴儿潮一代认为长时间投入工作是成功的关键，而正在进入职场的年轻一代更加看重灵活性和工作与生活的平衡性。在这个强调个性化与个人主义的时代，Z世代也在寻求一种为他们量身定制的员工体验。他们期望得到培训与指导，也希望获得具有挑战性、有意义的工作。他们越来越希望与雇主的品牌之间建立认同感，比如有65%的人希望就职于一个具有"强大社会良知"的企业。

- 我们的工作方式也在发生改变。目前全球1/5的员工至少在某个时间可以远程办公，而新冠疫情将加速"随处办公"（work-from-anywhere，WFA）文化的盛行。（事实上，像推特这样的大公司在新冠疫情初期就申明，员工如果不愿意，就不必一定回到办公室工作。）全球疫情证明，远程办公在很多行业中都是可行且有益的，由此我们发现全球就业市场也在加速发展，因为技术人员不再需要搬到帕罗奥图这类的地方去工作。

- "随处办公"文化很可能激发更多的自由从业者进入职场以及零工经济持续上升。过去分层式的企业结构可能会减少，取而代之的是更为扁平化、团队化以及项目化的企业结构，员工可以根据任意时间段对其工作的需求在企业间或者企业内部流动。

- 随着全球就业市场的迅速发展以及更多Z世代（他们比上一代人在种族和民族方面更加多元化）进入职场，多元化变得愈加重要。德勤的一项调查中发现，2/3的企业领导者表示多元化对企业"很重要"，或者"非常重要"。这种多元化既包括思维多元化也包括员工结构多元化。事实上，思维多元化会增加20%的创新，同时降低30%的商业风险。未来的优秀团队将是那些同时具备人才结构多元化和认知多元化的团队。此外，在具有包容性文化的企业中，员工有价值感、被尊重感和归属感。这样的企业达成更出色业绩的可能性要比不具有包容性文化的企业高出八倍，完成或者超过财务目标的可能性也要高出一倍。

- 心理健康与身体健康愈加受到重视，也不再是丢脸的事情。这是新冠疫情所带来的又一个增长趋势。未来时期，雇主将面临越来越大的压力，以确保其员工能够维持正常的工作与生活平衡的状态，同时员工可以获得由第三方机构提供的心理健康服务。

到目前为止，我们已经对世界发展局势有了一个宽泛的了解。接下来我们再进一步深入探讨某些具体的技术发展趋势。这些趋势也正在对人类世界以及人类的生活方式产生影响。

经验分享

■ ■ ■ ■ ■

所有上面提到的全球变化都为未来企业的成功指明了最大的机遇与风险所在。那么，企业应该如何欣然接受变化，抑或做好规划来应对变化呢？下面总结一下关键点：

- **气候危机。** 根据益普索公司的数据，全球 73% 的人都认为人类即将面临一场气候灾难，同时大部分人一致认为世界正面临巨大危机。客户将愈加倾向于选择更具有可持续性的企业，而企业将不得不竭尽全力最大化利用它们的环保认证，并将其告知客户。
- **经济变化。** 随着"新兴七国"与"未来十一国"经济体的发展壮大，企业将其生产与服务外包给这些国家的成本无疑将变得更加昂贵。另外，这些经济体也将成为对企业产品与服务更具吸引力的市场。

- **分化加剧。**如果分化与脱钩的趋势继续发展，企业会发现在进入某些市场的时候受到限制，因此依赖任何单一市场都是有风险的。
- **人口结构的变化。**全球范围内日益增长的消费阶层和城市化进程加快为企业带来更多的可能性，但进入这些新市场也将意味着要适应不同的文化和政治环境。
- **社会、文化与职场变化。**企业必须评估自己是否为 Z 世代甚至全球工作者提供了一个有吸引力的工作环境，一个人们可以享有灵活性、保持工作与生活的平衡、保持个性并与品牌建立有意义的联系的工作环境。

第 2 章

每位企业领导者都应知晓的十大技术趋势

我们正在进入第四次工业革命时期。之前的三场工业革命是指蒸汽机与水力革命、电力革命以及计算机革命。而这次革命就像前三场一样，意味着一个巨大变革，一个将永远改变我们的经营模式甚至生活方式的巨变。由数据、人工智能和物联网（物联网，即现在连接到互联网上的大量日常设备）驱动，第四次工业革命从根本上正在把我们周围的世界变成一个巨大的信息系统，所以我经常将其称为"智能革命"。

非比寻常的工业革命

第四次工业革命较前三次的不同之处就在于一系列相关新技术。前几次的工业革命都是由某一项重大的技术进步所促成，而这一次是由众多的技术发展促成，包括这个世界日益发展的数据化进程、人工智能的巨大飞跃、信息物理系统的出现（控制物理过程的计算机系统）以及物联网的广泛传播，不再一一列举。上面提到的每一个进步都是变革性的，合在一起能够带给我们的变化更是超乎想象。

第四次工业革命的有趣之处在于，近年来我们见到的前所未有的数字转型正在不同技术的相互作用下加速发展。例如，数据爆炸使人工智能的飞跃成为可能，而大量智能设备不断产生的数据反过来又加速了数据的发展。各种发展趋势正在互相影响，未来也会互相影响。这意味着，与以往工业革命所带来的巨大变化不同，这场新革命会引发一个持续的指数式增长期。换言之，以后大概不会再有第五次工业革命，我们反而可能将经历第四次工业革命的一次次不断加速。

"指数式增长"这个词你应该听过很多次，但我们还是花点时间理解一下它的真正含义。谈到数据量的指数式增长，以及计算能力的指数式增长，我说的是每隔几年翻一番，其中计算能力是每两年翻一番（根据摩尔定律，这个我之后会谈到），存储的数据量是大约每四年翻一番。

想象一下，如果小汽车的速度以这样的节奏发展会怎么样。首先，从最开始每小时 50 英里 [①] 到两年后每小时 100 英里，这样的增长似乎挺合理。可是 8 年后，我们的车速就会超过音速（每小时 767 英里）；不到 50 年，车速将超过光速（每小时 6.7 亿英里）。这速度快得可以在 2.5 秒内从地球到月球再返回地球。显然，这种变化节奏并未发生在汽车行业，也没有发生在其他行业。这就是为什么数字变革的速度如此惊人。因为这样的情形前所未见，更难以想象这样的速度将持续下去，但这恰恰是未来可能会发生的事实。技术发展具有无限可能。

关键是，这些技术发展趋势混杂在一起，会扰乱每一个行业、每一个企业（无论大小），甚至社会的方方面面。因此企业领导者需要了解这些趋势，并针对其潜在影响做出应对计划。在本章中，我概括性介绍了决定未来企业成功与否的 10 个技术大趋势。每一种趋势都值得单独写一本书（事实上我已经写了很多有关这些趋势的书）。所以，把这当作是一次短暂的巡游好了。它会让你思考一下企

---

① 1 英里 =1609.344 米。

业的未来，特别是你的企业可以如何利用这些趋势走向成功。

趋势 1：
无处不在的计算

数字技术比以往更加容易获取，也更加强大。我们先了解一下它的过去、现在以及未来。

计算能力的进步

随着计算机处理能力的增强以及微芯片尺寸的不断缩小，我们大多数人已经习惯了计算机和各种设备变得更小、更轻便、更便宜也更强大。事实上，如今的普通智能手机比 10 年前的超级计算机还要强大。

根据摩尔定律，微芯片上的晶体管数量每两年增加一倍，于是计算机的速度和能力也每两年增加一倍。难以置信的是，这个定律已经存在了 55 年。如今，我们已经达到了摩尔定律的极限。毕竟我们现在只能做到缩小晶体管和计算机芯片，但这并不意味着计算机能力的进步到此为止。只不过未来的进步不会依赖微芯片越来越小，更有可能来自未来软件和计算程序的创新（尤其当解码工作由人工智能来完成的时候）、量子计算甚至新的数字存储形式，例如 DNA 存储。换言之，即便摩尔定律步履蹒跚、难以维系，未来的技术进步也会继续将计算能力的极限持续推进。这些进步可能不会像我们已经习惯的摩尔定律那般规律和稳定，但是，一定会有。

量子计算

在过去的半个世纪里，传统计算机的功能确实可能呈指数式地愈加强大，但它们基本上依然算是普通计算器的快速版，以二进制

1 或 0 的形式，一次只能处理一个"比特"那么丁点儿的信息而已。

　　量子计算机使用"量子位"处理数据。量子位似乎能够以两种状态同时存在，也就是说，它们有可能是 1 的同时又是 0。使用量子方法，就有可能制造出比现有最快的计算机运行快得多的机器——也许要快上数亿倍。虽然量子计算机不会取代传统计算机（比如，使用量子计算机写回忆录就如同用火箭发射器砸核桃一样），但可以用来承担传统计算机以前不可能完成的新任务。也就是说，它们非常适合解决人类（和计算机）还无法解决的问题，比如气候危机。世界上现有的量子计算机，其用途大部分局限于学术界和高度理论化的工作。但是像 IBM、谷歌和微软这样的公司正在大量投资开发大型量子计算机，以使量子计算得到更为广泛的实际应用。

存储和处理数据

　　计算机必须变得更快、更强大，部分原因是为了跟上我们生成和处理的大量数据的步伐。我会在本章稍后部分谈一下世界日益加剧的数据化，但显而易见，我们每天创建大量的数据，而存储这些数据的技术明显越来越便宜、强大，也更容易获得。举个简单的例子，20 世纪 60 年代中期，1TB 的存储大概要花费 35 亿美元，如今我只需花上不到 50 美元就能买到一个 1TB 的硬盘。

　　云计算（数据与应用程序的存储和处理都是在别人的计算机上完成）在近年来我们所见的数字化转型中起到了关键作用，在廉价存储数据、保证数据安全、便捷处理数据（大多数云服务商提供人工智能和分析服务，点击一下就能帮你查询数据）等方面带来了巨大优势。

　　所以，预计到 2025 年会有多达 80% 的企业和关键任务型工作负载转移到云上也就不足为奇了。云已经成为现代企业运营中由数据驱动、基于应用程序的技术生态系统的支柱，而且还在继续进化中。对云计算，可期待的一个发展趋势是多云战略，或者说，打破诸如亚马逊、微软和谷歌等不同云服务提供商之间的壁垒。日渐高涨的一种呼声是希望大型提供商能够采用更为协作的方式，搭建各个平台间桥梁。例如，亚马逊云科技的客户可以与其供应链上使用微软天青（Microsoft Azure）的合作伙伴共享数据和访问通道。

除了云计算，随着设备的功能愈加强大，它们也开始能够承担更多简单的处理性工作。这种工作被称为边缘计算，意思是，数据收集的源头（即设备本身）就可以进行部分数据的处理工作，而不必把所有数据都推送到云中进行分析。随着5G的推出，边缘计算将变得更加重要、更加有用。加上超高速宽带和更快的响应时间，5G将使"边缘"比现在更为强大，基本上可以让我们把周围的一切都变成计算机。

还有一些新创的数据存储可以关注，其中最激动人心的就是DNA存储。是的，没错，我说的就是根据DNA存储数据的能力。数据中心是耗能资源，而且我们无法忽视人类正在制造的数据对地球的影响。基于DNA的存储可以为此提供一个解决方案，包括微软在内的许多公司都在研制DNA存储技术。这件事并不像听起来那么疯狂。人类已经在对DNA进行常规性测序（读取）、复制、合成（写入），而存储DNA也不费力气。更重要的是，DNA可以存储大量信息，比任何电子设备的存储量都大得多。一块一立方米大小的DNA块可以满足全球目前一年的数据存储需求。这倒也无妨，因为智能连接设备（不断收集并生成数据的设备）的发展也丝毫没有放缓的迹象。

趋势 2：
一切皆可连，万物皆智能

你肯定会通过智能电视、智能手表、智能恒温器等设备了解物联网。物联网是指越来越多的智能设备与物体通过互联网连接并能够收集和传输数据。物联网目前的增长速度飞快，已经是万物皆智能。虽然很难确定地球上相互连接的设备的确切数量，但有估测说，到 2030 年全世界安装的物联网设备将多达 500 亿台，是全球人口总数的 6 倍。

我说万物皆智能，就是实实在在地指"万物"。瑜伽垫、灯泡、汽车、机器人、无人机、船只——所有这些以及更多的物体都可以变得"智能"起来。意思是，它们能连接网络，收集周围发生的数据，与其他设备或者平台分享数据，并根据这些数据做决策或者采取措施。我们可以清晰地预见，未来的世间万物，能连尽连。举一个很酷炫的例证，就是美国海军海上猎人自主无人的水面航行器（其实就是一艘无人艇）。海上猎人在没有任何人员参与的情况下已经从加利福尼亚到夏威夷自主航行了一个来回，然后被编入一个海军航母打击群。这意味着，海员将必须逐步适应与无人船并肩战斗。

这个智能万物的概念并不仅仅与设备和产品有关（尽管这显然是企业的一个关键考虑因素），还和智能空间有关。从智能连接工厂到智能办公室再到整个智能城市，我们周围的空间正在逐步被赋予一种能力，一种能够实时监控并相应采取措施的能力。例如，公共交通线路可以根据实时需求做出调整，可以监控和分析交通流量，改善交通拥堵。

当然，这种泛连接会带来安全隐患。万物都连接到网络会使其容易受到网络攻击，于是保障联网设备与空间的安全就变得尤为重要。

这种将各种物体和地点连接到网络（并互联）的能力有可能改变许多行业，包括制造业、教育、医疗健康以及国防。对很多企业来说，最重要的是，这种万物互联的概念让它们从一个独特的视角了解顾客（或者员工）真实的行为，而不是它们说自己做了什么。

例如，互联汽车制造商可以了解到客户的驾驶时间、地点以及驾驶方式。这类信息对企业在了解客户使用产品、设计未来产品、提升客户满意度等方面都非常有用。这就是为什么现代企业认为数据是其所拥有的最重要的资产之一。这就引出了我们的下一个话题。

趋势 3：
世界的数据化

无处不在的计算和物联网是每天产生的数据量的两个巨大贡献者。但是除了机器端生产的数据，人类通过日常活动也生产了大量数据。我们的所作所为都会留下数字痕迹。从喜欢抖音上的某个短视频到刷信用卡买天然气，我们很多日常活动都会产生数据流。就这样，我们看到了数据存储方式的一次次巨大进步。我们不仅有数据仓库，还有数据湖。在数据湖中，所有的数据存储并不是非常结构化，数据河的信息会源源不断地流入数据湖。如我前文所说，我们还有诸如 DNA 数据存储这样的进步未来可期。

对企业，这些数据的明显优势是可以用来改进产品设计和服务，改善业务流程，加强决策制定，甚至创新收入来源（以约翰迪尔公司为例，该公司已经能够将其从农业机械中收集到的数据打包再回售给农民）。

数据最大的两个关注点是隐私和安全。当我们的一言一行都留有数字痕迹时，个人隐私会受到莫大的影响，所以企业采取措施保护人们的隐私就是至关重要的。我的观点是，企业应该只收集其真正需要的数据（不要为了收集而收集，所有的数据都收集）；让人们知晓企业在采集哪些数据（以及为什么），并允许人们在可能的时候选择退出。可预见的未来将会出台更加严格的规定以保护人们的隐私。在安全感知方面，虽然安全漏洞的数量自 2019 年以来有所下降，其严重程度却上升了，仅 2020 年就有高达 370 亿个敏感记录被泄露，比 2019 年增长了 141%。2021 年 2 月，史上最大的安全漏洞被曝出。COMB（也叫"漏洞汇编"）中包含 32 亿封电子邮件和密码，涉及大概全球总人口的 40%。数据是有价值的资产，但也带来了相当大的业务风险。

当然，另一个风险是，企业会被淹没在大量数据中。所以公司必须研发更加智能的方式，将数据转化为洞见，再确保将这些数据驱动的洞见付诸行动。企业必须努力提高其内部的数据素养，也就是说，所有的决策者都必须能够获取其所需数据，了解这些数据的价值，并具有使用这些数据的基本能力。这样，我们就可以期待看到越来越多的企业实施提升数据素养的计划。

人工智能将提升数据素养及其获得性。事实上，有很多现成的云数据存储解决方案可以提供某种形式的人工智能服务，以帮助企业了解它们的数据。增强分析在未来会发挥越来越重要的作用。增强分析实质上是指，在人工智能的驱动下，系统无须通过具体规则的指令就可以自动检测数据的模式，继而不必询问特定问题即可向用户推送其洞察。换言之，数据将变得更加民主化，也就是说，无须数据科学技能，企业所有人都能够使用数据。数据民主化的趋势很令人激动，但这也只是人工智能的兴起所带来的众多好处之一。于是我们将进入下一个趋势。

趋势 4：
人工智能

我们所处的世界越来越多地受到数据的影响。这一事实为人工智能带来不可思议的飞跃。

数据是人工智能的核心赋能者。智能设备从数据中获取的信息越多，它们就越能够定位模式、提炼洞见甚至预测未来。

人工智能正在以令人难以置信的速度发展，其结果就是：如今的智能机器能够完成以前只有人类才能完成的任务。我们有机器视觉，智能机器可以"看到"并理解图像，或者周围的景象；有自然语言处理，机器可以学习和理解人类语言；有自然语言生成，机器可以生成类人类的反应；有机器人流程自动化，企业的业务流程是由软件机器人自动化完成的。在日常生活中，人工智能带来了自动驾驶汽车、面部识别技术、推荐引擎、反诈检测、社交媒体上显示的内容等。仅在 2020 年，智能音响就响应了 1000 亿次语音指令，比 2019 年高出 75%。这都要归功于人工智能。这种机器可以使用像人类一样准确的语言的"对话式人工作智能"，近年来取得了重大突破。

这方面最激动人心的新进展是人工智能 GPT-3 模型。GPT-3 由埃隆·马斯克创办的研究公司 OpenAI 开发，在创建具有语言结构的内容方面（不论是人类语言还是机器语言）的表现比以往任何人工智能都要更为出色。GPT-3 可以回答问题、写文章、翻译文字、概括长文本、写备忘录甚至写计算机代码。在一次演示中，GPT-3 创建了一个类似 Instagram 的应用程序，展示出人工智能在未来的软件和应用程序开发中将起到的巨大作用。

关键是，人工智能赋予智能机器从数据中学习并做出决断的能力，有时候甚至不需要人工干预。机器学习和深度学习这两个术语便源于此。如果我们认为人工智能是总括术语，那么机器学习和深度学习就是人工智能的两个最前沿学科，它们都是要让机器学习和人类一样做事（即通过解读我们周围的世界、整理信息，从我们的成败中获得经验）。深度学习在两者中更先进，因为你只需要提供深度学习系统数据便可以让它自己研究如何找到学习模式。

还有一件未攻克的问题是通用人工智能，或者说是机器了解世界和人类并学习任何任务的假设能力。这是科幻电影和科幻书中的人工智能。目前，人工智能更倾向于完成具体的、特定领域的任务。目前没有实现通用人工智能并不是说不可能实现。通用人工智能肯定是多家人工智能公司的努力目标，而且我怀疑，如果我们把现在所有的人工智能系统放在一起，它们不仅能够完成所有人类能力范围内的工作，更有可能超越人类。

这就是为什么我相信人工智能是我们人类所见证的最强大的进步之一，只有基因黑客可以与之媲美（后面会详谈）。对企业来说，结论就是：由于人类与机器之间的互动越来越智能，顾客会期望各种各样的产品和服务都具有某种人工智能的特点。所以无论是通过自动化还是通过协助人类完成工作，更加有效地做出决策，人工智能都有可能会增强你的企业内部业务流程。换句话说，每家企业都必须变得越来越"聪明"。

趋势 5：
扩展现实

如你所料，人工智能的进步推动了其他技术的进一步发展，包括扩展现实（XR）。XR 是一个总括术语，代表着目前我们掌握的一系列沉浸式技术，包括虚拟现实（VR）、增强现实（AR）、混合现实（MR）以及人类尚未创造的沉浸式技术。目前，通过有效阻断用户身处的现实世界并使其沉浸于计算机模拟的环境中（通常借助 VR 头显实现），虚拟现实给人们带来最具身临其境感觉的体验。增强现实则通过将数字对象或信息叠加到现实世界（通常借助智能手机应用程序或过滤器实现），将数字世界与现实世界融合在一起。而混合现实介于两者之间，创造了一种数字世界与现实世界可以互动的体验，例如让用户操控看似真实实际虚拟的元素。

XR 主要以沉浸式游戏闻名，但逐渐在很多行业中都发现了更为实际的用途，通常被用于为客户创造更为沉浸式也更加个性化的体验。例如，购房者可以体验虚拟看房；顾客可以体验虚拟试用产品（比如在客户面部叠加一副新款眼镜，或者在客厅里放置一个数字化新沙发）；体育迷可以舒舒服服地待在家里就能沉浸式获得体育场的体验。这样令人激动的新式 XR 应用还有很多。XR 不仅给企业带来与客户和用户接触的全新方式，也为改善业务流程带来新机遇，包括培训、教育及招聘。例如，通过更刺激的方式将信息可视化，让学员在更加沉浸式的体验中学习。

关键之处在于：XR 可以帮助你的企业将信息转化为体验。仔细想想，这个概念有可能会改变一切，从使用信息的方式到与他人的互动方式。未来，XR 可能会扩展到生活的方方面面，甚至我们可以通过特殊的眼镜、耳机以及（更远的未来）隐形眼镜和植入物，将周围的世界个人化。我相信我们对世界的体验将越来越多地发生在现实世界和数字世界之间的混合空间中。想想看，人们在社交媒体上花大量的时间，精心打造他们的网络人格。很明显，现实世界与数字世界之间的界限已经漏洞百出。我相信 XR 会加速这种状况的发展。

这意味着我们需要找到新方法，增强人类对数字世界的信任。

趋势 6：
数字信任

数字信任的定义是：用户对企业建立安全数字世界的信任度。在这样的数字世界里，交易与合作都可以安全、便捷地展开。许多人认为区块链和分布式账本技术将在提升数字信任和保障交易安全方面起到核心作用。[罗睿兰（Ginni Rometty）[①] 在 IBM 做首席执

---

① 罗睿兰（Ginni Rometty）：美国人，IBM 历史上第一位女性 CEO 兼董事长。

行官时曾说："我认为网络对传播有怎样的影响，区块链对可信交易就有怎样的影响。"]这项技术已经存在，但距离为企业真正可用还有一段距离。即便如此，无处不在的计算、5G、边缘计算和云计算的发展会结合在一起，使区块链技术更容易获取（例如，通过利用全世界的分布式计算能力，而不是让整个服务器群组只运行一个区块链）。

我们往回补充一下。区块链技术到底是什么？简单说，就是一种超级安全的存储数据的方式。区块链有可能为存储、用户验证以及保护数据问题提供一种实用的解决方法，从而为验证信息、身份、交易等找到新的方式。区块链作为工具，对银行或者保险等行业越来越具有吸引力。但实际上，区块链可以用来为几乎任何事件提供超安全的实时记录：合同、供应链信息甚至有形资产。

说得再专业一点，区块链是一种开放的、分布式账本（即数据库），数据被分布（即复制）于众多计算机上，通常是去中心化的。意思是，并没有黑客可以瞄准作为目标攻击的中心点，这就是为什么区块链很安全。

区块链是如何工作的？区块链中的记录被称为"块"，每个块都有一个时间和日期标记，该标记记录着该条记录创建或上传的时间。每一个块都与前一个块相连接，于是构成了"链"。链本身可以是公开的（比特币是公用区块链的一个典型例证），也可以是保密的（比如银行区块链）。

区块链和分布式账本技术有什么区别？尽管我在这里把"区块链"作为一个统称使用，但从严格意义上讲，这两者是不能完全互换的。关于两者的区别，比较好的说法是：区块链基本上是开放的，无须权限；而分布式账本更倾向于需要申请权限。区块链通常是共同的，创建了一个真正去中心化的、民主的系统，没有一个团体或者个人来"负责"（比特币就是一个完美的例证）；而分布式账本可以是私密的，意思是访问权受到某个中央机构（比如说企业）的限制。所以分布式账本不一定是去中心化的、民主的，但它依然是分布式的，且通常比传统数据库更加安全。

区块链和分布式账本技术让企业受益颇多：确保数据安全、消除中间机构、增加透明度、支持超级安全的、无摩擦的实时交易。但依然有困难需要克服：首要问题就是，以传统技术为基础的企业，在传统技术的约束下如何实施区块链技术。答案可能在于：与在区块链领域真正取得进展的许多创新者和企业家合作。根据德勤的数据，45%打破常规的创新者已经将区块链引入生产，相比之下，企业中这一比例不足25%。换言之，全面引入区块链技术可能需要对企业运营整体再思考，而不是像拧螺栓一样把这项革命性的技术连接到现存的系统中。

当我们反思业务流程时，不能忽视3D打印可能带来的生产制造方面的彻底变革。

趋势 7：
3D 打印

3D打印可以让我们重新思考我们是如何生产产品的。它让制造商能够制造出用传统方法无法生产的产品、简化生产流程、轻松创造出高度个性化的产品（哪怕就是独特的一次性产品），同时消除浪费、降低成本。

3D打印也被称作增材制造，意思是说，3D打印是根据数字化文件创出的3D对象，是一层层叠加出来的。传统制造往往是减法处理，就是说产品通常在原材料上进行切割或者挖空而成，使用诸如刀具这样的工具。这么做不是最有效的制造方法。而3D打印是加法处理，指通过层层增加材料来创造产品，直到完成。（如果把 3D 打印出来的物体切开，每一个薄层都能看得到，有点像树干的年轮。）所以 3D 打印就是从零到有，一点一点创造出来一个物体，与那种先有一块原材料，然后通过切割或者塑形制造出的产品不同。

3D 打印最大的好处是，哪怕形状再复杂的物体也可以轻松被制造，而且比传统制造方法节省材料（对环保和企业利润都有好处）。零部件和产品都是现场打印完成的，所以运输需求降低。例如，工厂可以 3D 打印机器的替换零部件，而无须订购再等待零部件从世界各地运输过来。一次性产品的生产简单、便捷，不需要担心规模经济，很可能给快速成型、定制制造以及高度个性化产品生产带来巨大变革。而且，任何东西都可以成为 3D 打印的材料：塑料、金属、粉末、混凝土、液体以及巧克力。甚至于，整栋房子都可以用 3D 技术打印出来。2021 年，在美国首次挂牌出售了一座 3D 打印房屋，标价 299 999 美元，居住面积超过 1400 平方英尺[①]（外加一个 750 平方英尺的车库），比同地区新建住宅便宜 50%。

可以预见，3D 打印具有改变制造业的潜力，尤其是在产品的大规模个性化生产方面。随着消费者的期待越来越高，希望企业能够按照他们的需求量身定制产品和服务（见第 12 章），3D 打印使得制造商可以实现产品定制，以满足一次性需求和订单。因此，尽管 3D 打印看起来没有人工智能或者在 DNA 立方体上存储数据那么激动人心，我依然坚信这是企业应该准备好面对的一个变革性技术趋势。

但现在让我们回到更加未来化、更加科幻的科技趋势领域。

---

① 1 平方英尺 =0.0929 平方米。

趋势 8：
基因编辑与合成生物学

史蒂夫·乔布斯曾说："21 世纪最伟大的创新将是生物学和技术的交叉。"看来他的预言即将成真。

目前人类对基因的了解只有 2%，但即便靠这 2%，科学家也已经获得了惊人的成就，尤其是具备了改变细胞内 DNA 编码（即基因编辑）的能力。随着人类解锁更多的基因奥秘，我们会找到理解与控制它们的新方法。可以理解，对一部分人来说，基因编辑带来了伦理问题，但是在与疾病斗争方面它也可能带来巨大的飞跃式进步。当检测到"坏"基因时，这些"坏"基因可能会危及生物体或其后代，于是基因编辑就会表现出特别的优势。从理论上讲，这些有害的特征是可以改变的。

鉴于人体内细胞数量多达 37 万亿，基因编辑的微观尺度确实很惊人。大多数 DNA 所在的细胞核占普通细胞的比率大约是 10%，所以在如此微小的物体上切割所要求的精准程度简直不可想象。目前，基因编辑方法中 CRISPR（发音与英文单词"crisper"相同）前景最好。CRISPR 是精准改变基因最简单的方法，比如增加某些特征和 / 或删除其他某些特征，就像微软文字处理软件中的"查找与替换"功能一样。

但我们在这里谈的不仅仅是编辑人类 DNA。基因编辑还可以改善植物的健康状况。通过编辑植物基因组，可以增强其对抗虫害与疾病的能力，提高产量，减少对有害化学药品的倚赖。例如，宾夕法尼亚州立大学的研究人员正致力于培育基因增强的可可树，以抵抗疾病和真菌。全球有高达 30% 的可可树在收获可可荚之前就毁于疾病和真菌。培育这样的抗病作物在未来养活全球人口这件事上将起到至关重要的作用。

除了编辑基因，合成某个生物体的完全基因组也是有可能做到的。早在 2002 年，科学家已经能够通过合成基因组的方法从零开始制造出脊髓灰质炎病毒。这就把合成生物学，或者叫作重新设计生物体的科学领域这样一个话题带到我们面前。合成生物学与基因编辑类似（读取和编辑基因的能力是合成生物学的核心），区别是基因编辑工具可以对 DNA 做出细微改变，而合成生物学可以将长链 DNA 连接到一起，再植入生物体。生物体可能会发生行为改变，增加新能力，或者能够生产新物质（比如燃料）。

微生物利用是合成生物学的一大振奋人心的领域。这种观点认为：生命依赖于我们看不到的微生物，但利用这些微生物可以帮助人类解决最大的难题。例如，新光科技公司[①]已经能够利用微生物生产一种可以替代传统塑料的碳负排放、海洋可降解的热塑性塑料。在以色列，研究人员已经研制出一种可以直接依靠空气中的二氧化碳存活的细菌。有些香水也开始使用合成生物学制作，还有零残忍类皮产品和培养肉，不一而足。

但这一切对企业来说意味着什么？合成生物学和基因编辑可能改变我们生产产品的方式、养活整个地球、治疗疾病以及解决人类面临的一些较大危机。像 CRISPR 这样的编辑技术将有助于基因编辑和合成生物学的加速发展，而人工智能也有同样的作用，非常适合用来快速处理大量的数据并识别出正确的 DNA 结构。（这就部分解释了为什么现在一周内就可以完成人类基因组测序，成本也只有600 美元。而最初则需要 13 年时间，花费 30 亿美元。）因此，合成生物学和基因编辑可能会给世界上较大的行业带来困扰，包括农业、化工业以及医疗保健业。

---

① 新光科技公司（Newlight Technologies）：美国创业公司，总部设在加利福尼亚州。

趋势 9：
纳米技术和材料科学

从科学家在微生物方面取得的成就来看，很显然，巨大能量也可以有巨小包装。那我们就再缩小一点，快速了解一下纳米技术和材料科学。

简单说，纳米技术就是在原子和分子那么微小的范围内操控物质，这样我们可以控制和移动原子来创造新事物。从这个角度说，纳米技术有点像建筑，只不过规模极其微小。我说的是真正的微小。纳米比放在显微级条件下观测还要小 1000 倍，比我们测量物体一贯使用的计量单位米要小 10 亿倍。例如，一根人类的头发大约有 10 万纳米宽。一条人类 DNA 链只有 2.5 纳米宽。

纳米的重要性在于：当我们在纳米级上看物体或材料时，我们可以更好地了解它们的工作模式。（有些物质在原子级时会表现不同，且具有完全不同的特性。）例如，丝绸手感非常柔软细腻，但是在纳米级上它是由交联排列的分子组成的，使其变得非常牢固。我们可以利用这些知识在纳米级上处理其他材料，创造出像杜邦公司的凯夫拉（KEVLAR）那样超强的、最先进的材料，或者更轻的产品，或者完成对产品及组件任何可能的改进。这就是纳米技术的技术部分切入点——运用我们的材料知识在纳米级上创建新的解决方案。这样，纳米级的材料研究几乎可以被认为是材料科学的一个子域，而材料科学就是专注于研究和处理材料的学科。

还记得促成无处不在的计算趋势的那些微小的计算机芯片和晶体管吗？它们就是利用纳米技术和材料科学制造出来的。还有许多产品和材料也是如此，从智能手机显示屏和锂离子电池，到网球和抗污织物，还有更多令人兴奋的新发展即将到来。假以时日，我们有望看到纳米技术和材料科学的进展应用到之前提及的各种技术趋势中，包括智能设备、智能城市、自动驾驶汽车以及 3D 打印。例如 Jenax J. Flex 可折叠电池，为未来可弯曲设备的研制做好了准备。

我对纳米技术和材料科学在缓解气候危机方面的潜力感到尤为激动。例如，丰田公司的研究人员一直在测试一种只需要 7 分钟就能充分完成充电或者放电的电池，以适合电动汽车使用。再想想基于光敏晶体特性的钙钛矿太阳能电池。钙钛矿可以将太阳能电池板的转换效率从 16% 提高到 66%。所谓转换效率指的是可以将多少被捕获的阳光转化成能量。这样的进步可以让每个人都能用得起也用得到太阳能。 这还只是众多材料科学重要发现中的一项，而这些发现可以让我们的世界变得更加美好。刚好，这也引出了我们的下一个话题。

趋势 10：
新能源解决方案

技术和能源密不可分，所以我们谈技术大趋势就不能不谈到新能源解决方案。可再生能源解决方案，特别是风能和太阳能，近年来在效率、可负担性和可用性方面都有进步。但是让我们看一下即将出现的两种新能源：核聚变和绿氢。（翻到第 3 章看看更广泛的能源领域是如何转型的。）

人们经常吹嘘说核聚变是未来清洁且可能取之不竭的能源方案，但事实证明，要实现这一梦想渺茫得令人沮丧，主要症结在于要维持核聚变反应比产生核聚变反应耗费的能量更多！这就足以理解，任何大规模核聚变都不大可行。但是现在科学家已经在核聚变可行性方面迈出了一大步。国际热核聚变实验堆（ITER）计划是欧盟、印度、日本、中国、俄罗斯、韩国和美国之间的合作项目，目前正在建造一个核聚变反应堆原型（一个托卡马克装置），计划在 2025

年进行首次试验，最早在 2035 年生产全功率核聚变。全世界十几项类似研究计划正在进行中。

不要将核聚变与核裂变相混淆。核裂变是目前核电站的能量来源，原理是通过原子核裂变产生能量。核聚变，就是小质量的两个原子在极端温度和压力条件下聚合成一个原子时所产生的能量，是太阳的能量驱动。因为新产生的单个原子质量小于原来的两个原子，多余的质量就以能量的形式释放出来。事实证明，维持所需的极端温度强烈压力是很困难的，但主要归功于磁体技术的进步，人类在这方面的研究有了新进展。也就是说，到 2035 年我们就可能会看到核聚变反应堆实现净功率输出。

绿氢是几十年来科学家感兴趣的另外一种零碳能源。氢燃烧时唯一的副产品就是水，这就是为什么氢成为如此具有吸引力的能源。不幸的是，传统生产氢的过程是将化石燃料与蒸汽放在一起作用，这显然一点儿都不环保。这种传统处理方式因此被称为"灰氢"。

相比之下，绿氢将水分解成氢气和氧气，不会产生其他副产品。分解是通过电解过程完成的。从以往看，电解耗费了太多的电力，导致绿氢并不可行。由于可再生能源的出现，这一状况可能会发生改变。随着多余的可再生电力纳入电网，从理论上讲，这些多出来的能量可以用来进行水电解。而且，电解机也越来越高效。目前已经有很多公司正在投入研发在未来十年内能够让绿氢像灰氢一样便宜的电解槽。对那些没有风能和太阳能，倚赖天然气和煤炭的行业，绿氢可能是其能源解决方案的重要组成部分。

此前，我们已经广泛地了解了全球趋势和技术趋势，现在我们深入地去做些细节研究。下一部分，我们将探究一些具体领域，看看它们如何自我变革。

经验分享

■ ■ ■ ■

本章一股脑地抛出了大量信息和技术术语，我们现在汇总一下对企业领导者非常实用的一些经验：

- 本章的一个关键点是：各种不同技术趋势的趋同与相互作用以及变革的速度。这些特点造成了第四次工业革命与以往工业革命的不同之处。所以只是简单地将一种新技术（例如机器学习）硬性连接到现有的系统和过程中是不够的；相反，企业可能需要再思考它们的整个运营，并不停地重新定义它们的业务。增量技术升级的时代已经一去不复返了。我们正在迈入一个持续的、快速发展的新时代。

- 考虑到这一点，"数字原生代"或者"原生数字化"的企业已经为迎接不断涌现的新技术做了更好的准备。传统企业（通常）因为拥有价值不菲的传统体系，反而面临更加艰难的道路。它们不仅仅需要投资新技能、新潜能和新技术（有时候通过与更灵活的新创企业合作），可能还需要进行文化转换，培养一种持续学习且具有灵活性的企业文化。

- 对所有企业来说，战略性引进这些新技术都是至关重要的。为了技术而采用技术的做法从来都不是个好主意；相反，企业必须从对企业最大回报方面优先考虑并有效利用新技术。而这样的考虑，则因企业而异。

关键领域
的再思考

第二部分

我们在第一部分中讨论了全球变化和技术大趋势。在此基础上，第二部分将探讨这些变化对某些关键领域的影响，包括机会和挑战，并简要介绍一些杰出项目和计划。（第三部分和第四部分会有更多的真实案例。）

要谈这些领域正在发生的变化，我可以写上一整本书。所以每一章都包括一个概述，并着重强调了一些正在发生的巨变。当然，挂一漏万，我没办法把所有可能面临变革的领域都写到。我的本意是：重点谈谈那些触及所有人生活的领域，以确保每个人都能与之产生共鸣。还有些领域我在本部分故意避而不谈，因为会在第三部分和第四部分频繁提及，比如说零售。

最后，如果你的行业在这部分里没有被明确提及，也不必担心。很多相同的挑战、趋势和变革也将适用于你的企业，我们可以从这些行业正经历的变革中获取众多经验教训。

第3章

如何生成能源：
改变能源领域的三大趋势

传统的能源生产方式具有剥削性、不可持续性，适合以往的世界（"化石燃料"这个名字非常贴切）。于是就有了一个问题，即依赖化石燃料的能源生产商并不对真正的外部成本负责，尤其是针对环境和人类健康问题的成本。例如，提到煤炭只会想到价格低廉，就是因为燃煤发电站不需要支付与燃烧煤炭相关的环境和社会成本。在世界上的某些地方，这无疑会让企业依赖化石燃料的时间比原本持续更久。

既然我们已经了解了化石燃料的影响，就应该着手采用不同的能源生产方式。这一点非常紧迫，因为有些新兴替代方案需要很长的前导时间，意思是说，比如想在2050年之前获得收益，那我们需要现在就开始投资这些新技术。

毫不夸张地说，我认为能源领域的改革应该是我们所面临的最重要的挑战之一。但目前是能够看到一些令人激动又欢欣鼓舞的变化迹象的。具体来讲，有三个重要趋势将彻底改变我们的能源生产方式：

● 脱碳是指向清洁、无碳世界的转化，主要是通过增加使用可再生能源。提高化石能源的费用也属于这一范畴。

- 分散化指的是分布式能源生产，取代我们目前已经习惯了的高度集中式电网。
- 数字化是指利用数字化机器、设备和技术优化能源生产、基础建设和使用。你可以把它想象成"智能能源"。

我们逐一来谈谈这几个趋势。

趋势 1：
能源脱碳

电气化经常被说成是能源脱碳的重要途径，发展电动汽车就是一个很好的例子。全球电气化是一个重要趋势。随着时间的推移，欧洲的电力需求量将增加 4 倍，但电价则会因为再生能源的使用量增加而下降。遗憾的是，现在世界上很多地方化石能源依然在电力生产中占有巨大比例（例如在美国，化石燃料发电占总体发电的60.3%）。要使电力成为无排放能源，我们必须进一步发展可再生能源的解决方案，例如风能、太阳能、生物燃料以及潮汐能。

可再生能源的案例

在全球范围内改用风能、太阳能和水力发电将会每年减少 700万人死于空气污染，并减缓（最终逆转）全球变暖的影响。全世界大约已经有 1/5 的一次能源来自可再生能源，到 2040 年，这个比例还有望每年增长 2.6%。到目前为止，太阳能似乎在逐步赢得市场份额，其生产能力占 2019 年建设完成的可再生能源生产能力的60%，并激励了像苹果和谷歌这样的技术巨头投资太阳能技术。除了众所周知的屋顶太阳能电池板这个项目，近年来登上新闻头条的一些令人振奋的太阳能项目还包括：

- 马尔代夫的漂浮式太阳能系统，旨在向生活在偏远沿海地区的3.6亿人提供清洁能源
- 荷兰的太阳能自行车道
- 比利时的太阳能火车隧道
- 印度的太阳能机场

利用可再生能源迎接挑战

可再生能源解决方案面临的难题在于，我们每天24小时都需要能源，可有时候根本没有风或者太阳。这个问题叫作"间歇性"。另外，能源需求高峰时段与能量生产高峰时段不一定吻合。这就意味着我们需要找到方法将生产的能量储存起来，这样获得的能源就可以留作之后传输和使用。目前并没有有效的方法可以真正将可再生技术产生的电能存储上一段时间，但这个领域正在发生令人兴奋的变革，例如犹他州的先进清洁能源存储项目，是一个氢基可再生能源储存综合体。 还有瑞士的初创能源库，正在开发间歇性可再生能源的存储技术。该项目的灵感来源于依靠水的移动来发电的抽水蓄能电站。电力的多元化转换，是将电能转化为热能、氢或者可再生性合成燃料的过程的总称，也可能在解决能源储存问题方面发挥一定的作用，并转而加速可再生能源的转化。 具有同样作用的，还有分布式发电（本章稍后会详细讨论）。

还有一个令人不安的情况就是：电动汽车、太阳能电池板以及风力涡轮机使用的都是从地下开采的稀土材料。

投资其他替代性能源

除了投资能源存储项目，我们依然需要其他清洁能源替代品，即在可再生能源供给下降的情况下能够持续提供可靠的清洁能源的解决方案。目前阶段，这个解决方案指的就是核技术。我能理解人

们对核能的紧张反应，但核技术是最安全、清洁的能源生产方式之一。在民用核能过去 60 年的发展历程中出现过三次严重的核电站事故，最近的一次是 2011 年的福岛第一核电站事故（想想如果航空公司有这样的记录会怎样），而且总的来说，核能所导致的死亡数字比煤炭事故低 99.7%，比天然气事故低 97.5%（风能和太阳能的安全记录更加惊人）。现代核反应堆比我们几十年前建造的要安全得多。展望未来，随着世界上最大的核聚变项目在法国开始组装，核聚变的研发也在逐步推进（见第 2 章）。

我们还会看到其他替代能源的进步也有助于风能和太阳能的发展，其中包括：

- **潮汐能**：从波浪能源中获得。2008 年葡萄牙建立了世界上第一个商用波浪能发电厂。
- **太空太阳能**：已经由日本宇宙航空研究开发机构证实可行。
- **人类能源**：意思是我们人类通过自己的身体发电。例如，英国研究人员已经开发出佩戴者行走时能够产生电力的膝盖支具。
- **可嵌入式太阳能**：任何窗户或者玻璃板都可以变成太阳能光伏电池。密歇根州立大学的学者们正在致力于这项技术研发。

趋势 2：
能量的分散

能量分散是推动能量转化的又一趋势。简单说，分散化意味着改变传统能源模式。在传统模式中，拥有大型发电站且占据垄断地位的公用事业供应商将能源分配给终端用户。而未来的能源网将是分布式的，即更多的能源将由主电网以外的渠道生产（这要归功于可再生能源与本地化"微电网"的结合。本地化"微电网"指的是任何独立运行或作为更大型标准能源网的一部分来运行的本地能源网）。有了这种模式，消费者就可以根据各自的需求生产能源。我们很多人通过屋顶太阳能电池板的使用已经熟悉了这样的创意，但是分散式项目适用于从单独建筑到整个城市的所有情况。说到底，这意味着企业、地方政府和消费者可以自主决定他们的能源组合。

分散式能源网的案例

分散的能源网在紧急情况下可以实现能源独立和能源保护，有助于降低能源价格，减少碳排放，增强社区能力，改善能源安全性。换言之，如果既想满足增长的需求又要改善可持续性，这么做就很明智。

英国已经逐渐形成了分散式能源网。例如，阿伯丁市议会已经改为采用区域供暖，即一个热源向一个地区或者一组建筑群供暖，以此来解决该城市一部分住宅燃料匮乏的问题。这一举措降低了房屋住户50%的燃料开支，减少了45%的碳排放量。这个项目最初覆盖了一共1500套公寓和少数市政建筑。市议会已经计划扩大供暖网络的覆盖范围，该团队同时也在协助其他地方政府获得同样的收益。

在英国其他地方，比如布里斯托市，市议会一直在与碳信托合作，在全市范围内开发了四个区域能源计划，目的是减少碳排放、削减成本、配合城市的未来发展。与此同时在美国，像城市能源（Urban Energy）这样的初创企业正在把纽约的建筑屋顶变成社区太阳能园，以此来实现分布式能源。

也就是说，公共机构和消费者已经逐渐意识到，他们可以比现有的能源供应商做得更好。于是他们正在慢慢把握住自己的能源命运。

应对挑战

分散式能源面临的一个重大挑战是对如何开发和贯彻此类项目

缺乏正规的知识和经验。尽管类似碳信托和城市能源这样的机构正在协助解决这一问题，但是现实并不那么美好。

另外一个挑战是如何应对这些小规模电网内部波动需求模式（不像大型能源供应商在用电需求高峰时段能轻轻松松地生产足够的电力）。这就是人工智能可以助力的方面了（稍后会有更多能源数字化方面的讨论）。利用智能传感器和智慧能源存储解决方案所提供的数据，分散式系统可以更好地管理地方能源需求，并确保无论何时何地都能够按需供电。

例如，康沃尔郡于2019年宣布的"地方能源市场"（Local Energy Market）计划，在给英格兰康沃尔郡的一共100个家庭和125个企业安装了太阳能与电池组合系统以及监控设备后，实现了"灵活性突破"。

与此相关的术语叫作"能源互联网"。与物联网（见第2章）一样，能源互联网也倚赖智能设备来提高效率和改善控制。例如，美国初创公司卢米迪恩咨询公司（Lumidyne Consulting）的蜘蛛系统（SPIDER System）将数据建模应用于分布式能源，以预测对能源需求的影响并协助规划能源分布。还有英国初创公司分布式能源公司（Distributed Energy），提供需求管理解决方案来管理中小型公司的电力需求，使其更大限度地采用可再生能源。这样的工具将有助于管理分散式网络的风险和不确定性，并为更多的能源用户提供脱离标准电网的可行性选择。

趋势3：
能源数字化

最后一个趋势与前两个趋势息息相关。能源领域的未来将涉及智能而分散式的电网，能够掌握哪些房屋和建筑在何时需要能源。

随着生产能源的零碳源越来越多样化，技术将在未来复杂的能源网络管理中发挥至关重要的作用。

我们所说的数字化转型是什么意思？

为了实现这种更加智能、更加多样化的能源网，我们需要智能设备和技术：（1）有助于我们与电网连通，方便监督和管理电力需求；（2）有助于我们减少能源消耗。我在前一节中简要提及了一些实例，现在再来看看还有哪些案例与能源的数字化有关（其中许多是前一章中涉及的关键技术大趋势）。这些数字解决方案共同催生了"能源4.0"这个专有名词，对我之前在第2章开头提到的工业4.0（或者第四次工业革命）产生了影响。

- **人工智能与预测分析**：用来分析及预测需求、调整分布式电网上的供电位置并预测设备故障。例如，通用电气公司运用人工智能提前预测风力发电站和太阳能发电站的故障。
- **物联网**：尤其是使用像谷歌 Nest 的智能家居恒温器和家庭能源管理系统，正在帮助消费者降低能源消耗，更有效地为家庭供暖。
- **区块链**：从安全的智能合约到促进分布式网络，区块链可能成为能源行业的一个变革性技术。例如，土耳其初创公司 Blok-Z 的区块链技术使任何人都可以获得经济实惠的、清楚明白的、可追踪的绿色电力。
- **量子计算**：量子计算的强大力量非常适合能源领域所面临的独特而巨大的挑战。例如，美国初创公司 QC Ware 提供量子计算解决方案以帮助优化能源使用（包括能源预测和需求管理）。
- **数字孪生**：数字孪生是对现实生活中的物体、系统或者过程进行的一种高级数字复制。通过在现实世界中使用物联网传感器搜集到的信息，企业可以将变化进行建模，并在数字孪生中进行尝试，而无须对真实的变化进行昂贵而具高风险的改变。例如，英国石油公司使用数字孪生来建模新油田的生产。再例如，三菱日立电力系统的 TOMONI 解决方案（MHPS-TOMONI），其数字孪生技术可以对发电厂，甚至整个电网进行虚拟复制。

最后那个例子说明，这些技术不仅仅适用于创新性的分散式能源网络和可再生能源。即便对传统的集中式运营商，数字创新也可以帮助能源供应商在愈演愈烈的竞争领域应付不确定性，做出更明智的决策并提高效率。根据麦肯锡的数据，那些投资过数字创新的能源公司，其生产与产出提高了 10%，成本改善高达 30%。

应对挑战

到目前为止，这些数字技术并没有得到能源领域的充分利用。事实证明，尤其是对那些革新速度缓慢的传统能源公司来说，发现数字技术的价值可能是比较困难的。

在很大程度上这是由于能源供应商面临着一些特别的困难，比如健康和安全风险、大量资本投入现有资产（比如发电站、输油管道和海上平台）以及一线工人的能力（他们的工作地点经常处于偏远又难以到达的地方）。更有甚者，许多石油和天然气公司固守着它们的工程思维模式，它们谨慎、喜欢深度规划、倾向于"一次成功"，而非数字化转型往往需要的灵活、敏捷的思维模式。

很多领域正面临着类似的困难，但是能源领域必须同时应对所有这些问题，这就使得数字化的采用并非不可能，但肯定具有挑战性。

现在让我们来看一看另外一个历史悠久，但是在技术推动下正经历快速变革的领域：医疗保健。

经验分享

....

在这一章，我们了解到：

- 至关重要的一点是：能源公司、政策制定者、监管者、公共机构、城市规划者和地方当局要齐心协力地共同致力于推进上文中讲到的三个趋势。这点对满足未来经济与能源的需求，同时缓解气候危机都很重要。

- 能源领域之外的所有企业领导者都可以从能源供应商所面临的机会和挑战中学习。很多企业都认同，它们需要识别新兴技术并融入自己的业务中，加速数字化变革，应对新兴初创公司带来的竞争，并积极应对市场分化。

- 有一点尤其一致，那就是所有行业都需要进行数字化转型。根据我的经验，新冠疫情为加速数字化进程提供了前所未有的时机，因为公司与其员工被迫在很短的时间内迅速采用数字技术。关键在于，不能在疫情结束后就恢复常态，一定要在此基础上继续变革和发展。

- 最后，对那些期望从能源发展趋势中汲取经验教训的企业领导者来说，可能最大的经验就是不要拖延。尽早采取行动是获得竞争优势的关键所在。

第 4 章

如何保持健康：
决定医疗保健的七个趋势

　　由于新冠疫情大流行，人口增长且人的寿命延长（见第 1 章），医疗卫生专业人员匮乏（到 2030 年全球医疗卫生专业人员的短缺人数有可能高达 990 万），以及与生活方式相关的慢性病人数上升（目前这类疾病已经取代感染性疾病成为人类健康的首要威胁），我们的医疗保健系统举步维艰，到了一个临界点。全球的大部分地区没有医疗保健，或者没有免费的医疗保健。甚至在更发达的国家，医疗保健往往过于昂贵，过于缺乏包容性，也过于被动（不积极主动）。

　　这些医疗系统建立于一个与现在不同的时代。在那个时代里，人的寿命不像现在这么长，也没有那么多慢性疾病的病例，更重要的是，不需要智能技术来维持有效的医疗保健。但是世界在发展，技术也在进步。正如本章谈到的七个趋势所示，医疗健康领域在开始迎头赶上。

趋势 1：
预防医学

　　传统医学遵循的是一种响应型模式。患者感觉到生病或者体验到某些症状，医疗专业人员才开始诊断和治疗。治疗通常是一个反复试验和纠错的过程，并没有什么对身体与精神方面各种情况的预防。即便有，也很少。

但多亏有了数据和人工智能（本章稍后部分我会详谈数字化），医疗健康才能够变得更加具有预测性和预防性。技术可以在很多方面降低预防性疾病的风险，比如下面的几个实例：

- 自动提醒定时服药的患者。
- 根据患者的身体状况和环境因素提供个性化的医疗建议和剂量建议（本章稍后将详细讨论个性化）。
- 分析数据并采用预测建模来预测人们患病、遭遇心理问题甚至成瘾的高危时间。例如，研究人员使用机器学习来预测阿片类药物依赖的可能性。
- 识别哪些患者在接受治疗后 30 天内可能会有计划外再次入院的风险，并帮助这些患者更好地管理自己的健康。例如，在一份研究中，研究人员发现患者在住院期间遭遇的某些事件以及住院时间长短明显影响了 30 天再入院的概率。另一项研究使用预测分析提前 12 小时锁定那些脓毒病即将发作的患者。
- 预测哪些患者更有可能毫无征兆地爽约。例如，研究人员能够预测出哪些人最有可能不来就诊。这样的研究结果可以用来向患者发送额外的就诊提醒，帮助他们完成预约，或者为他们提供另外的预约时段。
- 通过识别企图自杀的人防止他们自杀。有一项研究梳理了以前有过自残经历的患者数据，对有自杀风险的预测准确率高达 84%。早期发现那些有自杀风险的患者可以确保他们得到所需的心理健康治疗。

换言之，由于技术发展，随着时间的推移，医疗健康将变得更加积极主动。这一点很重要，因为当医疗健康提供者能够更早识别出罹患慢性疾病的风险时，患者就能有更好的机会避免这些长期的健康问题，而治疗这些疾病的成本也会相应下降。

趋势 2：
医疗保健

不是所有人都能够得到医疗保健，或者根本担负不起医疗保健的费用，这是医疗健康行业存在的最严重问题之一。根据世界卫生组织的调查，世界上有一半人口无法得到基本健康保障服务，还有超过 1 亿人口因为高昂的医疗费用而陷入极度贫困。甚至在美国这样的发达国家，仍然有数百万计的人口没有医疗保险（2019 年的数字是 2890 万人，约占人口总数 11%）。

现在，技术发展正在帮助世界各地的人更大限度地获得医疗保健服务。下面我们就技术正逐步将医疗保健民主化举几个例子：

- 有一些应用程序可以协助人们获得远程问诊（本章稍后会介绍远程医疗）。例如美国最大的健康服务网站 WebMD 的疼痛指导应用程序（Pain Coach），允许人们跟踪和监控他们的疼痛等级，旨在帮助人们找到疼痛的诱因，并更好地管理疼痛问题。
- 聊天机器人也可以在远程协助方面发挥作用。例如，印度 Touchkin 公司开发的"幸福伙伴"（Wysa）应用软件就是一款治疗压力、焦虑以及抑郁的人工智能驱动聊天机器人，它们可以让人们发泄感情，追踪情绪，促进情绪健康。如果需要额外的支持，聊天机器人会协助用户连线人工指导。
- 日常可穿戴技术越发增强了检测潜在疾病症状的能力，并能够帮助人们监测生命体征。例如，美国科技公司 Fitbit 的感应智能手表可以检测体温并评测压力程度。苹果手表用来心脏追踪的心电图功能已经得到美国食品药品监督管理局批准，最新版苹果手表甚至可以监控血氧水平。显然，目前并不是人人都能使用到可穿戴技术。但随着这项技术的价格越来越便宜，也会有越来越多的人能够通过实时掌握自己的身体健康而获益。

医疗健康领域不断增强的数字化和自动化进程加速了医疗健康的民主化（本章稍后将详细介绍）。应用程序、聊天机器人以及可穿戴设备也有助于提高医疗健康领域的个性化程度。这就为我们开启了下一个话题。

趋势 3:
个性化精准医疗

随着医疗健康行业越来越具有预测性和主动性，随着更多的人能够通过应用程序、聊天机器人和可穿戴技术获得医疗解决方案和建议，提供更加个性化的精准医疗也将变得更容易。通过个性化的精准医疗，个人的健康指标更容易被监控，这样能够提前预知健康状况，也能够根据个体情况提供医疗建议及预防性护理。

我们现在来看几个医疗保健愈加个性化的实例：

- 如你所想，人工智能在提供个性化医疗方面发挥了巨大作用。使用人工智能运算法，一个叫作 Your.MR（也叫 "Healthily"）的应用程序可以让患者与聊天机器人讨论他们的症状，然后应用程序梳理 1000 多种不同情况的医学文献，根据患者的潜在状况提供个性化、准确的反馈，然后再让患者与适合的当地医生联系。

- 再例如，由糖尿病制药公司诺和诺德（Novo Nordisk）和数字健康公司格鲁科（Glooko）共同开发的应用程序 Cornerstone4Care，是一款监测糖尿病的个性化工具。患者可以追踪他们的血糖和饮食，并获得有关饮食、运动和糖尿病管理的个性化建议。

● 除了应用程序和聊天机器人，我们还可以看到医院和医疗健康机构提供的更为个性化的礼宾式服务，以帮助满足非医疗需求。新泽西的河景医疗中心就是这么做的。该诊所提供的礼宾式服务还包括准备阅读材料和为来访家人预订酒店。

加上基因技术和合成生物学（见第 2 章），医疗保健的未来应该是高度个性化的诊断和治疗计划。例如，生物技术公司 23andMe 向人们提供个性化的 DNA 检测，突出显示会导致健康风险的遗传倾向，比如乳糜泻或者帕金森氏症。客户只需要提供一份唾液样本，就会收到一份关于他们基因组成的个性化报告，详细说明哪些情况可能与他们的 DNA 有关。

未来，这种对患者基因组的分析能力将影响到具体的治疗方法，包括药物选择和剂量。这在治疗某些类型的癫痫病时已经得到实现。例如，由 ALDH7A1 基因突变引起的癫痫患者可以使用一种维生素 B6 从而得到有效治疗，但是这种方法对治疗其他基因突变引起的癫痫就不大有效。难怪许多基因专家坚信，医学的未来是能够读取一个人的基因组，并在此基础上制订护理与治疗计划的。

趋势 4：
数字化医疗

医疗保健更广泛的数字化促成了远程访问医疗系统以及越发以患者为中心的医保系统。以下是一些技术驱动的医疗保健行业的关键发展子趋势：

- 远程医疗：通过通信平台和工具对患者进行远程诊疗，偏远地区的患者也可以获得医疗帮助，但即便对那些很容易获得医疗服务的人来说，虚拟预约也节省了患者在候诊室等候的时间。新冠疫情无疑加速了向远程护理的转变。我的社区医生都尽可能提供电话咨询，我相信很多读者有同样的经历。在美国，2020年4月有43.5%的初级保健医疗都是通过远程医疗而非面对面医疗完成的，而在2020年2月这个数字仅为0.1%。

- 电子健康记录（EHR）也发挥着关键作用，因为它可以结合远程医疗应用程序，允许患者和提供者访问应用软件中的信息。如果数据可以与可穿戴设备关联，就可以让医疗健康专业人士更加深入地了解患者的整体健康状况和活动情况。随着苹果健康应用软件链接了美国、加拿大和英国的一些机构的医疗记录，使得使用者能够从设备上获得自己的医疗数据，这一趋势已经在逐步形成。

- 如前所述，人工智能在健康数据化方面发挥了关键作用，从预测疾病和分析扫描结果到检测全球性流行病和协助疫苗研发，都起到了促进作用。例如，BlueDot应用软件率先使用流行病的早期预警系统，而且最早发表了预测新冠病毒全球传播的科研论文。

- 扩展现实（见第2章）是另外一项有可能加强医疗健康领域的重要技术，从加强医疗培训到改善患者就诊情况。例如，早期的分析表明，虚拟现实在帮助中风患者克服运动缺陷和降低跌倒的风险方面比传统的物理疗法更加有效。

- 未来，我们甚至有可能看到虚拟患者，具体说就是对虚拟患者进行药物和治疗测试，观察现实世界的患者可能会是怎样的反应。有迹象表明，这么做有可能加速疫苗的研发，并降低医疗试验的成本。这些所谓的"在硅之中"（in silico）①临床试验已经在进行中。美国食品药品监督管理局正在使用计算机模拟来替代人体试验，以评估新的乳腺 X 光摄影系统。

随着医疗健康行业日益数字化，自然也有挑战和陷阱要应对，尤其是在保护患者珍贵的健康数据方面的难题（本章稍后会详细讨论医疗健康的数据化问题）。

趋势 5：
改善人体状况

现在整个行业都把改善人状况，尽可能延长生命作为中心任务。按理说，基因组学和基因技术的目的是清除不良基因，也属于这个范畴。

有一个重要的子趋势叫作生物黑客，就是利用策略性干预来改善身心表现，甚至停止衰老，这也叫作 DIY 生物学。有些技术，比如间歇性禁食和将身体暴露在低温下，都已经出现了很久。近期的新做法是人们采用高技术化方法来改变自己的身体。以营养基因组学为例，很多公司现在可以根据你的 DNA（即唾液样本）提供个性化的饮食计划。

一部分生物黑客的做法已经超出了补充剂的范畴。比如一个很极端的例子，价值数百万美元的防弹咖啡品牌的创始人戴夫·阿斯普雷让医生从骨髓中提取干细胞注射到身体的每一个关节中。这只是他大张旗鼓宣传（价格贵得令人咂舌）要活到 180 岁的计划中的一部分。此外，还有的公司置美国食品药品监督管理局的警告而不

---

① "在硅之中"（in silico）：1989 年，一位名为 Pedro Miramontes 的数学家发表的文章中，首次使用词组 "in silico" 来定义 "完全在电脑中模拟进行的生物实验"。

顾，提供输入"年轻血液"的方法抵抗衰老。

　　现在的问题自然就是，我们要让生物黑客在哪个阶段止步？在我们创造出一种高度改良后的超人类之前，何时收手？令人担忧的是，这一趋势一方面增强了人们把握自己健康的能力，另一方面也可能扩大获得这些技术优势的人与其他人之间的差距。

　　积极的一面是，能够帮助截肢患者和其他病患改善生活的义肢使用和实验室培育身体部位等技术也有了令人振奋的进步。例如，麻省理工学院的媒体实验室参与了一个研究项目。该项目将特别的截肢手术和直觉假肢研发结合在一起。他们为十名志愿者设计了特殊的机器人假肢，希望志愿者能够通过神经系统控制假肢。在未来，这种更能够根据个人直觉做出反应的智能假肢可能会成为常态。

趋势 6：
机器人和纳米机器人

　　从在医疗机构工作的机器人发展到将微型纳米机器人植入人体，机器人技术和纳米技术势必在医疗保健行业发挥更大的作用。

　　以下是我最喜欢的几个例子：

- 在一些国家，医疗机器人用于支持一线医疗工作者，可以帮助清洁和消毒医院病房和公用区域，还可以为患者测量体温、送饭、送药。在其他国家，医疗机器人还被用于分发洗手液，检查口罩佩戴是否规范，以此来遏制新冠病毒的传播。
- 外骨骼，本质上就是可穿戴机器人技术，是机器人技术的另一重大进步。例如，法国的研究人员使用外骨骼技术让一名四肢瘫痪的患者四肢都能移动。
- 云空间中也有机器人实验室，其目的是让任何人用笔记本电脑就能获得大型制药厂的能力。自动化、机器人技术、大数据、人工智能以及化学合成，结合在一起就创造出一个自动化的远程实验室环境，一个能够彻底改变药物发现的实验室。Strateos 就是这样的一个机器人云实验室。该公司声称它可以加速药物发现和合成生物学研究的进程。

- 纳米技术也在医疗保健行业找到了更多的用武之地，尤其是在药物递送方面，纳米颗粒被用于将药物输送至特定的细胞，这样做可以提高效率，减少有害的副作用。举个简单的例子，癌症治疗药物白蛋白结合型紫杉醇是一种纳米颗粒治疗方法。随着纳米技术的发展，纳米机器人药物递送可以更加精确，甚至可以根据需要的时间和位置进行微剂量给药。

- 英国的国家医疗服务体系推出的一款小胶囊，虽然不属于纳米技术这个超小领域，但也特别酷。这种胶囊是作为结肠镜的替代方法采用的。患者吞下内含两个摄像头的药片，药片在通过结肠时传输图像。之后胶囊从肠道排出体外，由下水道冲走。

- 未来，纳米机器人可能会被注入血液用来保护身体不受疾病困扰。这个想法可能在十年内就会实现。事实上，科学家已经将微型 DNA 机器人在动物身上进行试验，试图发现并摧毁癌细胞。如果适用于人类，将彻底改进癌症治疗，减少静脉斑块，等等。纳米机器人在血液中流动，还把人体变成了联网的智能设备，就像你的智能电视或者智能恒温器。一篇科研论文概括了纳米机器人在身体内收集数据并上传云端，供医疗专业人员监测的概念验证。

趋势 7：
医学数据化

如你所料，数据的发展促进了医疗技术越来越多地被采用。所以最后一个医疗健康趋势，我们来谈一下医疗数据化方面的重大突破：

- **医疗大数据。** 每年产生的医疗数据超过 4 万亿千兆字节，每两年这个数字就会翻一倍。而只有将人工智能应用于医疗大数据，本章前文中提到的预测性、预防性药物才能实现。
- **数字孪生。** 第 3 章中讲到了数字孪生技术如何帮助能源供应商提高效率、降低成本。在医疗健康领域，数字孪生可以用来完成诸如数字再创医院病房或者医疗模型这样的工作，以缩短医院设备的停工期。未来甚至可以扩展到患者的数字孪生体，这样医生就可以获得每个病患持续更新的病情数据和预测模拟。
- **医疗物联网。** 你已经听说过物联网（见第 2 章）。感谢可穿戴设备和医疗应用程序的兴起，我们现在也有了医疗物联网，这是一个到 2027 年价值将会达到 850 亿美元的市场。医疗物联网设备传输的数据是未来创建更具有预防性、更主动、更个性化的医疗系统的重要推动力。
- **区块链（见第 2 章）。** 这项技术可以让医疗提供者以更加安全的方式向患者发送医疗数据和交易记录，甚至允许个人掌控自己的医疗数据。这么做大致的想法是加强医疗数据的透明性和可及性（由此推进医疗保健的民主化）。例如，一名全科医生可以方便、安全地与专家共享信息，患者也可以授权他人查阅他们的医疗数据。（这种做法以后也可以推广到人寿保险公司。）

这些都是令人兴奋的进步，但还有一个严重问题：隐私和数据保护。这件事极其重要，因为医疗数据都是非常个人化的宝贵信息。可以理解，病患不想让这些信息落入不当之人的手中。仅在美国，2020 年就有近 600 例医疗数据泄露事件，比 2019 年增加了 55%，其中有 30 起显示出保护医疗数据不受网络漏洞攻击的必要性。区块链和同态加密（一种超级安全的方法，可以在数据加密的状态下进行数据分析）是未来很有前途的技术，能够提高数据的安全性。

现在，让我们把关注从医疗保健领域转向另外一个创建更美好的繁荣社会的核心领域：教育。

经验分享

■■■■

在本章中，我们了解到许多有关医疗健康行业的未来发展，但这些经验如何适用于其他领域？

- 所有企业都必须从以前的反应性业务流程向更加主动的、有预见性的业务流程转变。在某种程度上，这意味着利用数据和预测分析来预测客户的需求（关于智能产品和服务的内容详见第 11 章）。
- 个性化在很多行业中都是大趋势，无论企业规模大小，都在努力通过高度个性化的产品和服务来取悦客户（详见第 12 章）。
- 医疗健康行业所遭遇的数据化和数字化发生在所有行业中。为了确保你的企业不落伍，那就考虑一下自动化、远程操作、人工智能、数据甚至沉浸式虚拟现实（VR）和增强现实（AR）体验这些技术如何助力你的企业。
- 医疗保健行业数据泄露事件的激增也警示了其他行业领域，即客户的个人数据必须得到保护。

第5章

如何学习：
教育的两大转变

教育产业价值高达万亿美元，经济合作与发展组织（OECD）中的国家将 11.3% 的公共支出投在了教育上（尽管联合国教科文组织为成员国设定的计划是 2030 年前教育投入达到公共支出的 15%~20%）。

然而，就像我们的医疗健康系统一样，教育体系的发展也是从过去一直服务于一个不同于现在的世界，即第四次工业革命以前的那个世界。世界变化节奏之快以及与"终身工作"的理念渐行渐远都意味着，传统的前加载式教育体系（通常是填鸭式的、硬塞进生命的前 18 年或者 21 年的学习）已经不再适合达成教育目标了。教育机构必须适应并反思这一转变，思考这样一个事实，即未来最基本的技能需求将同以往所教授的技能差别很大。换言之，我们的教育内容必须有所改变。

我们的教育方式也必须改变。其他行业正在发生的数字化已经开始影响到教育行业。我们现在有更丰富的在线教育内容，以及新式的、沉浸式的学习方式。数字课程和数字工具逐渐发展的趋势在新冠疫情之前就已经开始了，而疫情无疑加速了这一进程。

要点总结：教育需要在未来几年进行改革，要紧密联系第四次工业革命，要为学生生活和学习在 21 世纪做好准备。这就需要认真地反思，我们教什么以及我们怎么教。

转变 1：
反思一下教什么

　　我在我的孩子们就读的学校做理事（我娶了一名教师）。虽然我明白学校受国家统一课程标准的限制，但我依然觉得这个课程标准太狭隘了。就像某个人在德国长大，在德国接受教育，后来搬到英国，而英国的课程标准太以英国为中心了，没有足够的课程讲授其他不同的文化，讲授自然以及不断变化的世界。

　　换言之，我认为我们的小学和中学在培养未来的全球公民这方面可以做得更好。全球公民，就是将重新构想世界，并具有在第四次工业革命中雇主迫切需要的那些技能的人。

　　我还认为，大学教育也将改变。我是兰卡斯特大学管理学院的顾问委员会成员，我很清楚大学里的很多课程都不讲技术。例如，虽然未来的医生是要和机器人（见第 4 章）一起做手术的，但太多的医学学位课程都不教机器人。越来越多的雇主将期望毕业生具备完成某项工作的技能，而这些技能绝对与技术和数字技能有关。所以我预测，未来的雇主将不再那么关注传统学位，而是更加关注技能。

学生需要学习什么技能？

　　今天在校学习的孩子们将来要从事的工作，现在甚至都还不存在。领英（LinkedIn）预测未来 5 年将有 1.5 亿个新技术岗位，领英 2021 年年度"新兴职位趋势"中几乎所有岗位都可以远程完成。这一切说明，数字技能将在未来具有更强大的优势。我们的教育体系必须调整以反映这个趋势，教授给孩子们在这个社会经济变化、工作中断和自动化的时代能够蓬勃发展所必需的技能。

世界经济论坛在《未来学校》一文中列举了未来高质量学习的基本特征。这些特征包括：

- **全球公民技能**（包括对更广阔世界以及可持续性的认识）。
- **创新和创造技能**（包括问题解决和分析思维）。
- **科技技能**（包括数据科学和编程。我认为这应该是语言选项的标准配置）。
- **人际交往技能**（包括情商、共情能力、合作能力和社会意识）。

你会注意到，这个列表中包括"软"技能。对这一点我非常赞同。随着机器能够自动完成越来越多的任务，我们固有的人类社交和情感技能将在职场中变得越来越有价值。所以针对上面的阐述我将做如下补充：

- **伦理道德**：随着更多的公司希望以符合道德规范的方式使用人工智能，人工智能伦理学家的工作开始愈加受欢迎。由于企业在新技术和伦理道德之间寻找平衡，未来会有更多这样的工作岗位。
- **多样性**（文化多样性和思维多样性）：2020 年职场多样性专家受雇佣的人数上涨了 64%。

总有一天，更多的教育机构会开始将这些基本技术和人际技能融入教学。有些学校已经在这么做了。例如，印度尼西亚巴厘岛的绿色学校正致力于促进可持续性理念以及全球公民的培养。绿色学校为超过 800 名 3~18 岁的学生提供服务。教师在自然环境中，包括在无墙的教室里给学生授课。学生乘坐用食用油做燃料的"生态公交车"来到学校上学，最初的几年他们要花大量时间在学校的花园和厨房里，学习有关自然和食物的来源。之后，学生可以到创新中心学习，那里配备了木工设备和 3D 打印机，是属于制作者的空间。

鼓励终身学习

教育还必须从在一个人人生中学习逐渐递减的体系转向成为鼓励每个人都接受持续学习心态的体系。

想想你自己的教育。很可能你从中学升到大学，就脱离了全日制教育（除了稀奇古怪的职场课程），再不回头。教育机构缺少一种建立终身学习伙伴关系的办法。例如，大学可以为学生提供机会，让他们终身都可以回归校园参加微型课程学习。我希望这种向终身学习的转变会得到教育合作伙伴的支持。如果不行，教育机构就有落伍的危险，因为会有新的教育提供者介入来填补中间的缺失。

向终身学习的转变已经在教育领域之外开始进行，因为雇主希望员工不停地学习新技能。工作场所在不断发生变化，而且不可预估，这与前几代职场环境大不相同。所以难怪世界经济论坛 2017 年的一份报告中发现，1/4 的成年人称他们所拥有的技能与目前工作所需的技能是脱节的。

换言之，我们从事的是 21 世纪的工作，但我们的教育和技能还没有跟上来。在传统的三年或者四年制学位学习结束时，我们学到的技能可能都已经过时了。

这就是世界经济论坛在那篇"未来学校"的报告中所强调的，终身学习是一项重要能力，同时还有上面列举的技术能力和人际技能。英国的"技能建筑商伙伴"（Skills Builder Partnership）就是这样一个成功的范例。这是一个全球合作伙伴关系，将雇主与学校联系在一起，并培养基本技能，为学员创建"终身机制"以追踪其技能发展历程。

该框架是与雇主合作开发的，优先培养基本技能，如解决问题能力、展示能力、创造力、快速恢复能力、合作力以及领导力。 合作伙伴还与雇主合作，在他们自己的企业里落实这一框架，这样年轻人在学校里掌握的技能就可以延续到就业阶段。

再举一个例子，新加坡政府的一项倡议是提供终身学习账户，为国民的终身教育提供资金支持，这些钱在他们需要拓展现有技能或者获得新技能时可以提取。

转变 2：
反思一下如何教

正规的教育依然带有其第一次工业革命前后出现时的最初印记，而从那时起，我们的一般教育方法基本没有变化。在世界各地的教室和讲堂里，学生依然坐在那里面向前方，听老师讲授他们应该记住的内容。

我偶尔也在大学教书，可以很诚实地说，传统的授课方式并没有好好利用大家的时间。我经常觉得，学生通过观看我授课的录像就可以从中获得同样价值的信息，然后课堂上的时间就可以用来讨论授课内容和联系现实。

这么说并不是在批评教师和授课者。完全不是。我对教育工作者的付出充满敬意。但是如果要教给学生他们在 21 世纪胜出所需的技能，培养这个世界所需要的领导者，那么教育的方式就必须做出改变。有一点很重要，我相信未来的教师将成为引导者，而非内容传递者。一些关键的促成因素包括：

- 更多数字化内容。
- 更加个性化、自定进度、自我指导的学习。
- 更具协作性、项目化的学习。
- 更碎片化的学习。
- 更沉浸式的学习。

下面我们来逐一探究一下。

更多数字化内容

技术解决方案可以克服教育中许多常见的障碍，即使偏远地区的人也可以获得教育。例如，数字教科书比印刷版教科书要更便宜。在线学习是一个重要趋势。因为新冠疫情大流行，全球数百万师生转到线上课程，在线学习的发展大幅度加速。根据皮尔森大学的研究，全球 88% 的学生认为在线学习将是未来教育的永久特征。

数字内容增多也导致数据增多，这意味着人工智能有更大的机会在教育中大展拳脚。特别是，人工智能可以让学习更加个性化，以适应学生的个体需求。

更加个性化、自定进度、自我指导的学习

在传统的教育体系中，教师教学规模大，班级多样化，而学习一般以同等进度、标准化的形式进行，在某些层次上根据能力分化、分流。在技术的支持下，未来教育体系将改变目前的方式，转向一种更加灵活、根据每个学生需求调整进度的学习方式。

如果你曾经使用过多邻国语言学习应用程序，就会看到它如何提供了一个诱人的愿景，学习可以个性化地适应每一个学习者。在该应用程序中，使用者根据自己的学习进展，以不同方式与内容进行互动。例如，人工智能算法能预测出使用者在给定的上下文中回忆起一个单词的概率，然后就能确定使用者需要继续练习的内容。用户体验不断根据用户的需求进行个性化处理，关键是，学习者可以根据自己的节奏进行学习。随着越来越多的内容实现数字化传递，没有理由不把它扩大到中小学及大学的学习中。这项技术已经存在了。技术还能够将老师从评分和测试等管理类任务中解放出来，可以有更多的时间培养和学生的关系。于是教师成为内容引导者，指

导学生学习和支持学生需求，而不是直接传授内容。

反过来，学习将变得更加自我导向和独立。有个例子告诉我们，这个在实践中意味着什么。印度的普拉塔姆混合学习计划的目的是帮助当地社区支持以学生为中心的学习。目前该项目已经为印度 1000 个村庄超过 9 万名 10~14 岁儿童提供服务。该项目完全支持学生主导的活动，学生可以选择他们想要合作完成的任务并让志愿者充当指导者。参与计划的孩子在学校课程中的表现比对照组的孩子高出 12%。这表明在转变为更独立的、项目化的学习方式后，教育是受益的。这也就引出了我们下一个概念。

更具协作性、项目化的学习

要深思 21 世纪的职场，学习必须更加关注基于项目和基于问题的工作。就像印度的普拉塔姆混合学习计划那样，学生以小组为单位来定义和完成各自的项目。

其理念是，学生在"做中学"。并非先设定一个议程，再传输一套固定的内容，而是老师充当实践指导者和引导者，引导学生研究现实世界中的各种问题。这种学习方法不仅鼓励学生更加独立和协作，还培养学生更具有批判性思维、创造力和沟通能力。这些都是雇主高度重视的技能。

更碎片化的学习

根据微软的一项研究，人类现在的注意力持续时间大约只有 8 秒，比金鱼还短。这个数字在过去的 20 年中有所下降，是因为人们已经习惯了一种持续使用科技、日益数字化的生活方式。

这意味着未来的教育体系必须在提供更多碎片化的、简单易懂的内容方面做得更好。用术语说，就叫作微学习和纳米学习。

- 微学习的意思是，学习简短、精练的内容，理想化的学习是5分钟左右，最久也可以到15分钟，依据不同主题而定。
- 纳米学习又进了一步，提供给学习者两分钟时间的学习内容，只教给他们彼时彼刻需要知道的知识。

另外，教育数字化和更多地采纳人工智能会使得碎片化内容学习成为可能，即可以让学生的学习进度与其自然注意力持续时间保持一致。

更沉浸式的学习

除了人工智能，其他技术也将在未来教育中发挥重要作用。扩展现实（见第2章）就是其中之一。特别是虚拟现实（VR）和增强现实（AR）具有巨大的潜力，能够使教育进入生活，让学生沉浸在学科中。

课程形式有很多，从完全沉浸式的VR课程和VR实地考察到内容可视化和多种形式互动的AR课程。例如，在一节有关古代埃及的课程中，学生可以通过VR头显或者眼镜（如果你用诸如谷歌纸板眼镜这样的设备，可能会非常便宜）真正走入那段历史时期。再或者生物课上，学生可以使用AR应用程序把人体信息投射在眼前。

越来越多的平台和应用程序正在设计过程中，旨在通过沉浸式技术提升教育体验。以Labster虚拟实验室为例。Labster专注于加强科学教育，它让学生通过超现实的仿真实验室设备进行实验，使得实验可以在无风险的情况下完成。

一项有关虚拟学习的研究表明，使用AR头显练习的学生比那些只用电脑练习的学生表现更好。另一项针对高中教师的类似研究也发现，虚拟模拟显著提高了学生的科学知识。这表明，扩展现实可以为未来的课堂教学带来令人难以置信的价值。

现在我们换一个领域，一个变革时机已经成熟的领域：如何养活自己。

经验分享

····

显然，在实现这些变化时会遭遇巨大的挑战。我在本章中概括的大部分改变都需要对我们的教学内容和教学方式进行根本性的反思。这并不容易。政策制定者、政治家、教育工作者甚至雇主都需要团结协作，为了满足 21 世纪的需要重新设计我们的教育体系。挑战很大，但潜在的回报也很大。从资金角度看，如果我们能缩小教育技术差距，让学习者对未来的需求做更好的准备，到 2028 年全球 GDP 能增加 11.5 万亿美元。从个人角度看，今天的学生会帮助我们展望未来的世界，那我们就必须将展望未来的工具提供给他们。

雇主也一定要关注这一点。正如教育机构需要让学生为未来做好准备，企业也必须让员工做好准备。需要强调的重要经验有：

- 雇主必须投资其员工的教育，培养在第四次工业革命中获得成功所需的科学技术和人际技能。

- 企业还需要创造终身学习的环境，高度重视好奇心和持续进步，并体现在公司的结构中。
- 雇主还应该注意到更加个性化、碎片化和沉浸式学习的发展趋势。这些都可以应用于职场培训和教育，以增强学习体验。

第 6 章

如何养活自己：
变革农业所需的两大创新

我们知道，粮食的需求正在增加。预测全球人口的增长要求粮食生产相应增加高达 70%。随着中产阶级队伍的壮大，肉类的需求将超过小麦、谷物和豆类的需求。考虑到农业的环境影响，要满足更大的食物和肉类需求，就要面临巨大的挑战。

- 粮食系统所产生的温室气体排放量占全球温室气体排放量的 1/4（26%）。农业、林业和土地使用占其中的 18.4%（其余的是食品加工、包装、制冷和运输）。
- 全球淡水取水量的 70% 用于农业。
- 牲畜数量已经超过了野生哺乳动物，其比例是 15 : 1。在 2.8 万种濒临灭绝的物种中，农业和水产养殖被指出威胁到了其中的 2.4 万种。

因此，当我们讨论气候危机的时候，也不能忽略粮食生产。答案显而易见，就是人类要采纳植物基膳食。研究表明，不吃肉类和乳制品是人们减少环境影响的唯一最有效方式，因为肉类和乳制品只提供 18% 的卡路里（蛋白质提供量只有 37%），却占用了 83% 的农田，占据农业温室气体排放量的 60%。这份研究还发现，如果没有肉类和乳制品的消耗，全球耕地可以减少75%。换言之，我们可以释放出相当于中国、美国、欧盟成员国和澳大利亚国土面积总和的土地，同时依然能养活全球人口。

但是诚实地讲，我们距离让数十亿人接受素食饮食还有很长的路要走。这意味着我们迫切需要在农业和粮食生产方面进行创新。我认为创新主要来自两个方面：

- 重新构想目前的农作方式，使其更加有效，减少危害。
- 在未来寻找创造食物（尤其是肉类）的新方法。

创新1：
重新构想目前的农作和农业方法

为了提高生产力，同时减少环境影响，农业必须积极采纳新方法。以前的农业发展在很大程度上受到机械改进（制造出更大、更好的机器）或者基因进步（更优良的种子、更高效的肥料等）的驱动。如今，农业正在经历下一场变革，而这次则主要由数字工具所驱动。

农业自动化程度提高

与大多数行业一样，自动化在农业中发挥的作用越来越大。以下几个例子证明了自动化对农作方法的促进。

- 机器人现在不仅可以识别准备采摘的作物，还可以实现采摘，连软嫩的水果也可以摘。一个覆盆子采摘机器人每天可以采摘2.5万个浆果，而一个人工作8小时轮一班，可以采摘1.5万个浆果。机器人采摘可以让农民解决劳动力问题，增加产出。世界上第一支能够识别杂草、清除杂草，种植作物的农场自动机器人队伍已在 2022 年投入使用。

- 无人机可以用于监测作物、产品应用和运输物资（有关无人机运输内容详见第 8 章）。预计未来 10 年，农业无人机产业仅在美国就有可能创造 10 万个工作岗位。非常惊人！

- 我们还有自动拖拉机和自动喷雾机，可以在无人工司机的状态下完成田间管理。在农业制造领域领先的约翰·迪尔（John Deere）就是这样一家在自动电子拖拉机和无人机喷雾器上进行投资的公司。

- 猜对了，随着越来越多更复杂的农业设备出现，数据也越来越多。与其他所有行业一样，这些数据是非常宝贵的资源，可以用来更好地管理农场和作物。

- 即便在水产养殖业，科技也带来效率的提升。挪威一家鲑鱼养殖公司 Cermaq 正在使用机器视觉，通过每条鱼独特的标识自动去识别和追踪它，就像人类的面部识别一样。利用这种方法，该公司可以监控围栏中鱼的健康状况，并为每条鱼提供定制护理和喂养。

可以想象，增加农业中的技术使用可以使农民的工作更加精准。

精准农业

用于农作物生产的化肥制造是产生温室气体的重要因素，因此减少化肥使用是促进农业的另一种方法。杀虫剂和用水亦然。

这就开启了精准农业的话题。与传统农业根据设定的时间和频率，统一以相同的比率使用灌溉、化肥和杀虫剂不同，精准农业是根据作物的需要使用比率。要做到这一点，农民需要工具从农场收集数据、分析数据，决定需要从哪个方面采取什么行动，然后采取相应必要的行动。

提高农业精准度的很多工具业已上市，或者正在研发中。举个简单的例子，放置在土壤中的传感器，可以让农民了解诸如土壤酸度和温度等变量并做出规划。也有像 CI–600 植物根系生长监测系统这样的工具，能够提供植物根部的图像，显示根部对化肥的反应。还有其他工具，可以检测杂草，显示真正需要使用杀虫剂的位置，由此降低 80% 的杀虫剂使用量。

这种精准种植业方法也适用于畜牧业。例如，芯片和身体传感器可以用来监控牲畜的体温、血压和脉搏，以此检测其疾病的早期迹象或者压力。目前耳标技术已经能够监控奶牛的体温、整体健康状况以及地理位置。

农业中的区块链

区块链技术（见第 2 章）在农业中也可能发挥重要作用：

- 区块链可以带来重要的供应链优势，尤其是在追踪食物的来源方面，这对确保顾客的信任至关重要。整个供应链可以记录在区块链上，可以将追踪食物来源的时间减少到几秒钟。2018 年生菜中存在大肠杆菌污染的事件暴发后，沃尔玛采用了包括区块链技术在内的一些技术，将绿叶蔬菜的来源一直追溯到各个农场。
- 这项技术可以用智能合同取代传统合同（例如保险合同），从而优化烦琐的作物保险程序。例如区块链初创公司 WorldCover，利用区块链和卫星技术监测降雨，并自动触发对作物损失的偿付。
- 区块链可以省去中间人，促进点对点交易，有助于为更小体量的农民和城市农民（稍后会详细讨论城市农业）创建公平竞争的机会。例如，澳大利亚初创公司 AgUnity 采用区块链，允许种植者组成小型联合体。

然而，公平来讲，并不是所有的农业变革都将由数字技术驱动。向更多本地农业和转基因作物的发展也将起到重要作用。下面我们来详细谈一下这些问题。

更加本地化的城市农业

世界上一半的可居住土地都已经应用于农业。考虑到全球人口的预期增长以及我们需要生产比现在更多的粮食，这个数据就很令人震惊了。再想想全世界运输作物的食物里程，增加本地化农业（即在需要粮食的人附近生产粮食）的做法似乎就非常有吸引力了。

城市农作或者城市农业可以解决"我们如何养活自己"这一问题中存在的一些巨大挑战，有助于提高粮食安全、减少浪费和食物里程以及用于农业的可居住土地量。简单说，城市农业就是在城市或者城镇里种植粮食，但并不是在社区花园里种植或者自家种植。城市农业是指作为商业企业种植粮食，就像普通农场一样，只不过是在城市空间里种植。

但是在人口密集的城市中怎么做到这点呢？答案是，垂直农业，即在垂直层中种植作物。可以小规模操作，比如靠着一面闲置不用的墙或者在集装箱里；可以中规模种植，在没有其他用途的建筑里；也可以大规模实施，做成工厂规模的垂直农场。世界上最大的垂直农场，是位于新泽西州纽瓦克市的一个价值 3000 万美元的雄心勃勃的企业经营的。在没有土壤、阳光和水的情况下每年生产 200 万吨绿叶蔬菜。植物被垂直固定在由塑料瓶制成的可重复使用的帘布上，喷洒一种营养丰富的雾状液体为其提供养分。这种技术叫作气栽法。据其创始公司 AeroFarms 的说法，垂直农场比传统方式的农场减少用水量达 95%，可以在 14 天（相比之下，传统农场种植需要 45 天）内种植作物，而且每平方英尺的作物产量是传统田野种植产量的 390 倍。

水栽法，即将植物浸泡在营养液中栽培，是另外一种促进城市化本土种植的方法。由于水是在系统中循环使用的，水培系统用水更少，70 升水便可栽培 1 公斤西红柿，而传统栽种方法则需要 400升水。

农业中的基因工程

回溯第 2 章，我们看到基因编辑已经给农业带来巨大影响，让我们生产出更抗旱作物、更抗虫作物和更高产作物。这些就是所谓的转基因作物。转基因作物已经嵌入供应链，全球超过 10% 的耕地用于转基因作物的种植，美国、巴西和阿根廷是主要生产国。种植转基因作物有很多非常实在的益处。例如，发明了高产的矮秆小麦品种的美国生物学家诺尔曼·布劳克（Norman Borlaug），在"绿色革命"中就发挥了核心作用。这场农业革命增加了世界各地的粮食产量，帮助人类避免了粮食危机。他也因此获得了诺贝尔和平奖。

当然，我们还有机会生产出更多品种的作物，获得更高的产量。实际上，作物生物科技市场（通过遗传操纵生产种子的地方）目前价值 282 亿美元，预计到 2031 年将达到 443 亿美元。像 CRISPR（见第 2 章）这样的基因编辑技术的出现使基因编辑更加切实可行，也将成为转基因作物增长的巨大驱动力。特别是，基因编辑有望以过去无法实现的方式开启提高产量的新机遇。

即便如此，人们对转基因作物还是有些抗拒的，尤其是在欧洲，转基因食品受到严格管制。如果农业产业要进一步从基因工程中获利，监管机构和消费者就需要参与进来。这方面的情况在渐渐好转。2016 年，美国农业部宣布一种 CRISPR 编辑的非褐变蘑菇不属于基因监管范围，原因是这种蘑菇不含任何外源性基因物质，只是其自然基因组的一个编辑版本。由于英国已经脱离欧盟，作物（以及牲畜）的基因编辑可能很快就会在英国得到允许。

你大概已经注意到刚才提到了"牲畜"。是的，并不只是作物可以转基因。例如，科学家一直在努力寻找影响奶牛打嗝（奶牛 90% 的甲烷排放是因为打嗝，而不是放屁）所释放甲烷量的特别基因性遗传的肠道微生物。据相关研究人员称，操纵这些微生物可以减少一半的甲烷排放量。

创新 2：
寻找未来创造食物（尤其是肉类）的新方法

1/3 的农田是用来种植牲畜饲料的。把这些土地用来为人类种植作物，再找到新方法制造肉类，这样岂不是更有意义？人造肉和植物肉的发展可能代表了我们生产肉类在方法上的重大转变。除此之外，还有 3D 打印技术（见第 2 章）也有可能在食品生产中发挥作用。我们详细谈一下这两点。

培养肉和植物肉

植物性牛奶替代品的市场已经建立起来了（仅在美国就占到牛奶销售量的 13%）。如果植物性肉类替代品市场也走类似的发展之路，到 2029 年预计占全球肉类行业的 10%。这么看来，市场肯定是能容纳的。植物性替代品先驱 Beyond Meat 公司以 15 亿美元的价格上市，不到 3 个月的时间估值便高达 130 亿美元，成为历史上最成功的 IPO 之一。像汉堡王（Burger King）和星期五餐厅（TGI Fridays）这样的连锁店现在是常规销售植物性汉堡的。这就意味着植物性肉类在减少食品行业对环境的影响这方面大有作为。例如，人造肉制造商 Impossible 的一款植物性汉堡的碳排放量比普通牛肉汉堡的要少 89%。

即便如此，我知道在很多文化中吃肉是根深蒂固的习惯，鼓励人们购买植物肉会很困难。这也正是培养肉出现的契机。

细胞培养肉在基因上与真正的肉完全一样，只不过是由动物细胞培养产生的。这是真正的肉，但不是通过农场和屠宰场生产。（因为用于启动这一过程的细胞可以从动物身上活体取出，所以细胞培养肉不需要将动物宰杀。）

培养肉或细胞肉（或者用一个不大好听的名字"实验室培养肉"）能说服铁杆肉食爱好者做出改变吗？我们现在还不能确定，但已经有早期迹象表明，市场和监管机构正在把培养肉作为农场养殖肉类的一种现实替代品。2020 年，新加坡成为第一个批准出售细胞培养肉的国家。美国公司 Eat Just 培养的"鸡块"，是把鸡的细胞放在生物反应器中培养出来的。新加坡食品管理局批准出售这种鸡块，并将在一家餐厅里首次上市销售。

自从马克·波斯特（Mark Post）教授于 2013 年创造出第一个实验室培养的汉堡以来，促成细胞农业的科学研究已经取得了长足进步，但依然还有很长一段路要走。例如，就在撰写本文之时，Eat Just 鸡块的价格还是比实际的鸡肉更贵，这对很多消费者来说是个大问题。但这种情况会随着规模经济的改善而发生变化。2020 年，行业领先的培养肉类初创公司 Memphis Meats 宣布将在美国建造一个生产细胞培养肉的试点工厂。这是该公司扩大生产规模，降低成本行动进程中的一部分。

当然，未来发展的不仅仅是细胞培养肉类，细胞培养的海鲜也会给食物市场带来积极的影响。除此之外，研究人员正在积极研究用细胞农业技术制造奶酪——真正的素食奶酪，不是动物性食品。

3D 打印食品

如果实验室培养肉的想法让你反感，那么 3D 打印的食物呢？巴塞罗那的一家初创公司 Novameat 在 3D 打印植物性食品方面处于领先地位，并且已经成功研制出世界上第一块 3D 打印"肉"，显然逼真地模仿了真实肉类的纤维状特点。这大概意味着 3D 打印有可能在未来的食品生产中发挥一定的作用。这不仅仅更加有益于我们的地球（因为 3D 打印通常比传统生产方式浪费更少，见第 2章），也更加有益于我们的健康，因为这项技术允许消费者量身定制他们的 3D 打印食品，以满足个人的营养需求。由于有了 3D 打印技术，规模经济将不再适用。

所有这一切都意味着，未来的食物与今天的食物将大为不同，肉和海鲜都是实验室培养生成的，自定义食品是由 3D 打印出来再订购的。这是个激动人心的想法，但我只希望距离这些新方法的实现不要太遥远。如果人类要阻止气候危机，为不断增长的人口提供粮食，我们现在就需要革新。

现在让我们结束食品生产的话题，转向消费品生产和房屋建筑。

经验分享

·····

无论你是否从事农业，都可以从这些食品和农业趋势中获得重要的经验：

- 所有企业，无论哪个行业，都必须找到技术驱动的方法来提高效率、增加精准度、使更多流程自动化。
- 同样，所有企业必须寻找方法减少环境影响，使业务经营更具可持续性（见第 8 章）。
- 对新产品的创新需求依然是普遍法则。消费者对更具可持续性、更少浪费和更智能的产品会抱有越来越高的期待（见第 7 章、第 11 章、第 15 章和第 17 章）。

如何造产品和盖房子：
制造业和建筑业值得关注的十一个趋势

    如果按照行业来看温室气体排放问题，制造业、建筑业（尤其是水泥和钢铁生产）以及建筑物用途都是造成气候变化的重要因素。我们需要采取紧急行动，使这些行业变得更绿色、更高效，而一些新技术和新产品正在不断出现，满足了这一需求。在本章中，我将深入探讨发生在制造业和建筑业的一些激动人心的趋势，包括节能型建筑。我们先从制造业开始。

制造业的七个重要趋势

    制造业，即规模性重复制造物品的过程。制造业通常被描述成社会的关键组成部分。从汽车到手机，从太阳能电池板再到儿童玩具，我们用到的几乎所有用品都是由制造商生产的。随着时间推移，制造业已经有了显著发展，从以人为中心的制造方法到依赖机器的装配线，再到我们现在越来越多见到的高度自动化的机器人主导工厂。几个趋势正在合力改变制造业。这些趋势被统称为"工业4.0"，本质上就是制造业的第四次工业革命。

    让我们探究一下促成工业4.0的一些趋势。

趋势 1：工业物联网

你已经听说过物联网，现在我们有了工业物联网，就是在工业层面上使用互联设备（特别是传感器）来收集有价值的数据，从而改善制造流程。例如，传感器可以收集工厂厂房内机器的数据，用于掌握机器运转情况，优化机器维护流程，减少机器停机时间，甚至预测机器故障（稍后会更详细讨论预测性维护问题）；或者，通过了解商品在供应链中的确切位置，这些数据也可以用于优化库存管理；又或者，传感器可以让我们深入了解能源使用。在高度自动化的工厂，机器甚至可以在没有人工干预的情况下操作传感器（稍后详谈自动化问题）。

日本汽车配件制造商 Hirotec 最初将物联网传感器用在其北美公司工具制造工序的切割设备上，目的是监控机器的运转情况。这样可以让团队获取有价值的信息，深入了解每台机器的状态和性能（例如，某些机器每天在某些特定时间处于闲置状态）。通过这些深入了解，公司可以提高机器的生产力。Hirotec 的物联网实验在第一阶段非常成功，于是该公司决定在其旗下的一家日本工厂连通一整条生产线，意味这家工厂的整个汽车配件生产将连接在一起，并以物联网的方式进行。

趋势 2：预测性维护

对制造商来说，机器意外停机的代价高昂，但工业物联网促成了另一个重要趋势，可以大大减少机器的停机时间以及故障时间。这一趋势给我们带来的是预测性维护，或者说是利用传感器数据和人工智能检测机械及零部件的故障模式。通过掌握机器或者零部件可能发生故障的时间，制造商可以采取预防性措施，更有效地维护设备。

我在第3章中简要提到过一个事例，通用电气（GE）在其风能发电厂和太阳能发电厂使用传感器和人工智能预测故障。另一个例子来自世界上最大的工业制造公司之一的西门子股份公司（Siemens AG）。该公司甚至曾将传感器用在旧式的发动机和变速器上，一直用到了21世纪。西门子说，通过分析这些机器的数据，可以总结出机器的状况、检测异常并在发生故障前进行修复。这表明，有了物联网和人工智能，预测性维护甚至可以应用于传统机器和传统系统。制造商不需要投资全新系统来获得利益。

趋势3：数字孪生

我在第3章中简要提到过数字孪生，特别是像英国石油公司这样的企业如何在对数字孪生的真实版本进行昂贵且高风险的修改之前，利用系统的数字副本建模新的流程。让我们看看数字孪生在制造业是如何操作的。

数字孪生可以模拟任何物理过程或者物体。因此，在制造业背景下，这可能意味着模仿新产品的外形尺寸或者展现工厂厂房中的设备（例如，机器的运行）。它甚至也可以用于可视化和模拟整个供应链。数字孪生可能会给制造业带来巨大的变革。到2022年，多达70%的制造商可能会运用这项技术进行模拟和评估。

例如，联合利华（Unilever）已经成功地将数字孪生技术引入其全球的8家工厂。在这些工厂里，来自物联网系统的数据被输入整套设施的数字孪生体中，然后通过算法分析这些数据来确定生产线中的问题及改进建议。

趋势4：自动化与黑灯工厂

自动化是塑造制造业未来的另一重要趋势，这和它在任何其他行业中的作用是一样的。由于人工智能的出现，越来越多以前只能留给人类才能完成的任务，现在机器也能完成（回忆一下在第 6 章中采摘覆盆子的机器人）。无疑，我们将会看到更多的制造工艺自动化。例如，截至 2017 年，拥有 50 年历史的设计和制造公司 Flex 已经有大约 50% 的制造工艺完全实现了自动化。但自动化还有更大的发展空间。据预测，在全球用于制造活动的 7490 亿个工时中，有超过 4780 亿个工时都是可以实现自动化的。

自动化可以给制造商带来很多好处，包括生产力更高（机器不会疲劳）、精准度更高和成本更低。而且现在可以实现自动化的活动范围非常之广大，我们可以看到更多完全自动化的工厂或者所谓的黑灯工厂。在这些完全自动化的场所里，生产过程是在没有人工直接现场干预的情况下发生的。

当然，对自动化替代人类的工作这件事，有很多合情合理的担忧，但我们必须记住，自动化是用来替代那些危险而枯燥的工作，以及那些不适合人类的工作——如果我们真正做到诚实的话。还有，虽然自动化会不可避免地导致失业，但也会创造新工作。根据一项预测，到 2027 年，仅在美国自动化就会创造将近 1500 万个新工作岗位。

自动化可能会引发更多的企业回流，就是原本外包给工资较低国家的制造业现在回归本土。事实上在 2018 年，将近 1400 个企业宣布将其制造流程转回美国。随着制造工艺自动化越来越容易，随着美国海外其他国家的制造成本越来越高（因为这些国家越来越富足），我们将看到越来越多的企业将其制造业务回流。

趋势 5：机器人和协作机器人

机器人技术是自动化的关键推动者，但不是所有机器人都能替代人工。例如，我们有机器人外骨骼装置，即可穿戴机器人，可以用于帮助工人更轻松地举起重物，减少受伤。这些做法已经被诸如福特、宝马和现代等制造商采用。同时我们还有协作机器人，就是协作式的智能机器人。它们是被设计用于和人类工人一起安全操作的，比如像在德国克隆的福特嘉年华工厂里那样。所以未来的大部分工厂可能不是完全自动化，而是人类与智能机器人完美合作的高度自动化场所。

人工智能、物联网传感器以及机器人技术的结合似乎特别令人兴奋。为了区别于传统机器人，这种新型智能互联机器人被称为高级机器人。通过提高运营效率和降低成本，它们一定会给制造业带来变革。（我们将在第 19 章中谈到更多机器人和协作机器人的相关内容。）

趋势 6：3D 打印技术和增材制造

因为有了 3D 打印技术和增材制造，制造商无须再生产并持有大量库存。3D 打印技术发展得越节省成本、高效和可延展，制造商将越发可以实现订购生产，比传统制造流程浪费更少，消耗制造材料也更少（见第 2 章）。另外，由于 3D 打印的零部件和产品是由一台单独的机器完成的，像用焊接和螺丝连接多个零部件这样的工艺流程也不再需要了。

3D 打印技术有一些令人兴奋的进步值得关注。若看到今天3D 打印技术的神通广大，你会大跌眼镜。例如，装配技术公司AMBOTS 已经将最先进的 3D 打印技术和机器人技术结合在一起，创建了群体 3D 打印，就是一组共 16 台 3D 打印机协同工作，生产复杂的零部件和产品。它还有基于块状的 3D 打印机，通过将工作分解成小块由打印机单独完成来制造大型零部件和产品。

整个工厂都装配机器人和 3D 打印机来替代传统机器吗？这当然是总部位于布鲁克林的初创制造公司 Voodoo 的愿景。该公司计划建造一家机器人 3D 打印工厂，以抗衡传统注塑成型法的生产能力和成本。

趋势7：智能和更可持续发展的产品

智能互联设备的出现不仅改变了产品的制造方式，还有产品的生产类型。如今，从瑜伽垫到婴儿尿布，任何东西都可以安装传感器，变得"智能"，而且据我观察，这个趋势短时间内不会减弱。因此，产品制造商必须继续探索新方法，为顾客提供他们所期待的智能产品。有些制造商甚至可能不仅仅专注于实物生产，还将进一步为顾客提供纯数字或者混合产品（见第 10 章）。想想智能健身追踪器是如何演变成众多的应用程序和服务的，其设计初衷是为了帮助用户追踪他们的卡路里摄取量、每天的锻炼、心率甚至睡眠状况。

同时，顾客愈加希望他们购买的产品具有可持续性、能够重复使用、可回收。我相信过去的一次性文化即将结束，并提醒着制造商未来要生产什么。废品将一步步根据设计，淡出我们的社会和经济，转向循环经济，即将经济活动与宝贵而有限的资源消费分开，为大家提供环境和社会利益。

第三部分和第四部分将介绍更多诸如智能产品和服务、可持续性、个性化和快速创新等趋势。

建筑业的四个重要趋势

和许多行业一样，新冠疫情大流行对建筑行业造成了沉重的打击，也激励出一个善于反思、创新、高效的新时代。让我们看看正在让建筑行业变得越来越好的四个重要趋势。

趋势1：对更环保、更智能建筑的渴望

如我在第 2 章中所述，建筑物和整个城市都变得更加智能互联，

让我们更加了解建筑的性能和使用，甚至提高管理它们的效率。因此，新的建筑越来越需要在建造的时候考虑智能互联技术。再加上节能和可再生技术，这样可以使得建筑物变得更加高效（甚至碳中和），减少建筑对环境的影响。不过要实现起来还不够快，因为建筑物的能源使用造成的温室气体排放量大约占到全球的17.5%。美国的这个比例还要更高，实际上，建筑物的温室气体排放量占全美的29%，能源消耗约占全美的40%。

这就是为什么绿色建筑运动如此重要。该运动的一大部分是设计和建造净零建筑，即全年的总能源使用量等于（或者少于）其可再生能源产生量的建筑，另一种表述叫作净能耗为零的建筑。

净零建筑可以很小，例如美国马萨诸塞州莱克星顿镇的净零全电动住宅，比标准住宅的节能效率高58%。净零建筑也可以很大。世界上最大的净零建筑是位于马里兰州银泉市中心的美国联合医疗公司的总部，一个面积为13.5万平方英尺的Unisphere建筑。几千个互联传感器和设备构成了一个复杂的系统，来追踪能源使用，协调制热和制冷。甚至大楼的中心还有一个游泳池，可以吸收多余的热量。

趋势2：模块化建筑和场外施工

模块化和预制建筑正处于上升期，其市值预计将从2020年的823亿美元增长到2025年的1090亿美元。在某种程度上，这个趋势的形成是由于劳动力短缺和建筑成本的上升，但新技术也起到了关键作用。以3D打印为例。我们在第2章中了解到，现在整栋房屋都可以3D打印出来，成本比传统建筑方法便宜很多。

但并不仅限于小型住宅可以3D打印或者非现场建造。曼哈顿中心地段21层高的包厘街世民酒店是美国最高的模块化建筑。模块化和预制建筑使建筑公司可以在更可控、更安全的环境下作业，而且通常会耗时更少、用料更少。所以毫无疑问，很多主要的建筑商计划到2025年将它们的传统现场施工规模缩减至25%，转向模块化、非现场施工。

趋势3：取代传统的混凝土和钢材

混凝土和钢材的生产留下了巨大的环境足迹，而这些材料的使用量似乎比以往还要多，随着人类建设更多的特大城市，这个问题也越来越严重（见第1章）。钢（和铁）的生产造成了全球7.2%的温室气体排放量，而自从1950年到现在钢材产量已经增长了10倍，全世界每年人均钢材生产量达到240公斤。同时，光是混凝土的主要成分水泥的生产就造成了全世界二氧化碳排放量的8%。这意味着如果水泥行业是一个国家的话，它将是世界上第三大二氧化碳排放国。听上去令人难以置信，但是只要想到混凝土是除了水以外地球上使用最广泛的物质，就能理解了。

所以我们需要新的替代品来代替传统混凝土和钢材，既有同样的强度和耐久性优势，又不会产生可怕的环境成本。这些新材料在研发的同时，我们迫切需要找到方法，让混凝土和钢材生产变得更加环保。

我们已经开始这么做了。例如，一家韩国公司已经研发出一种制造钢材的方法，可以减少90%的有毒气体排放量，用以替代传统的钢材制造方法。至于水泥，低碳水泥制造方法（同样，作为混凝土的主要成分）可能会影响巨大。例如，新泽西的一家初创公司采用了罗格斯大学研发的一种化学工艺，可以将水泥制造过程中产生的二氧化碳排放量降低30%。总部位于蒙特利尔的CarbiCrete公司则完全避开了水泥，转而使用一种叫作钢渣砂的钢材制副产品来制造混凝土。

趋势 4：建筑中的技术采用

建筑行业并不以欢迎新技术而闻名，但这些例证显示，技术正逐渐在建筑过程中发挥更大的作用。以下是一些建筑行业最重要的技术子趋势：

- 建筑中的无人机使用每年同比增长达 240%。无人机用于空中调查，热力图和热像图以及现场安全等工作。
- 开始以多种方式使用 VR 和 AR，包括为建筑项目创建 3D 可视化，使安全培训更加沉浸式并可以检验场所。
- 区块链可以用来创建更加安全、更高效的施工流程。例如，区块链上存储的智能合同可以让该项目的利益相关者购买、追踪、支付与项目有关的服务，就像一个一体化的项目追踪工具一样。

随着时间的推移，我们将看到建筑施工过程中更多地采纳这些技术以及其他新技术。翻开第 2 章去回顾一下影响所有行业的最重大的科技趋势吧。

现在我们从制造过程转向供应链的另一个重要环节：运输。

经验分享

▪▪▪▪

在本章中我们了解到，在新技术、自动化增强以及对更环保产品和服务的渴望等因素驱动下，建筑和制造行业正处于一个快速发展的变革时期。无论你身处哪个行业，都可以借鉴本章讲到的一些重要经验：

- 随着机器承担起更多危险的、枯燥的和易重复性任务，人类承担的工作将发生变化。员工和雇主必须准备好面对这一变化，并为 21 世纪的技能重塑进行投资。
- 因为有了物联网、数据和数字孪生，企业可以从传统系统和流程中获得新的效率。换言之，就是不全面改革整个企业流程和设备也可以获益。

第 8 章

如何运送人员和货物：
变革交通的三大趋势

运输是另外一个正在经历巨变的行业。我说的运输，不只是人员运输（通过汽车、飞机、船只等），也包括货物。因此，运输行业发生的变化将影响大多数企业，不管该企业属于哪个行业，毕竟这么多条供应链都要依赖于货物的运输。

运输行业的改变受到三个主要趋势的驱动：

- 交通工具的电动化。
- 自动、互联的交通工具。
- 运输行业的服务化。

下面，我们逐一探讨一下。

趋势 1：
电气化

交通运输是温室气体排放的主要原因。仅在美国，交通运输产生的温室气体排放量就占据全美温室气体排放量的 28%。大部分排放主要来自行驶的汽车、卡车、船只、飞机和火车等所燃烧的化石燃料（特别是汽油和柴油）。我们迫切需要向更环保的交通工具过渡。就汽车而言，指的就是电动汽车（EV）。

电动汽车革命

截至 2020 年，电动汽车仅占全球汽车销售量的 6%，但预计到 2025 年会增长到 13%，到 2030 年会增长到 22%。随着时间的推移，会出现诸如国家排放量目标的收紧、城市人口的增加、充电基础设施的改进，以及为电动汽车提供能源的锂离子电池的成本降低（自 2010 年以来已经降低了 80%）等情况，这些因素将结合起来，共同推动大规模采用电动汽车。

汽车制造商已经在大量投资电动汽车。2019 年，用于开发新电动汽车车型的投资量达到峰值，仅大众汽车就投资了 440 亿美元（该公司曾表示希望到 2030 年电动汽车销售达到 40%）。还有电动汽车的先驱特斯拉，它在 2020 年 7 月成为全球价值最高的汽车制造商，是福特和通用汽车总价值的 4 倍。

我认为这是一个信号：说明我们到达了电动汽车发展的一个关键临界点。消费者的意见自然也紧跟而上，美国 30% 的汽车买家现在考虑购买电动汽车。这意味着，电动汽车对汽车制造商来说是一个重要的契机。

让其他交通方式更环保

不仅仅是汽车电动化了，摩托车现在也已经电动化。这将给未来超大城市的污染程度带来新的转变。印度拼车公司 Ola Electric 已经大规模投资了电动摩托车，并已在 2021 年年底推出其车型。该公司位于印度的电动摩托车工厂计划每年生产 1000 万辆电动摩托车（如果工厂满负荷运转，每两秒钟就能生产一辆摩托车）。

电动卡车也在取得进步。尽管我们还没有电池技术能做到长途货运电动化，全电动卡车将彻底改变地区性的"最后一英里"环节。想想看，不足250英里的货运占到美国货运总数的80%，电动卡车的采用可能会对该行业的环境产生重大影响。尽管目前只有不到1%的卡车是电动的，但是像戴姆勒这样的公司正在投资电动卡车技术——戴姆勒的18轮，续航250英里的eCascadia卡车即将投入生产。

飞机呢？没有电池技术的飞跃，尽管空中客车和MagniX这样的公司正致力于电动飞行技术，我们距离电动飞机真正可行还有很长的一段路要走。目前，世界仅存的少数电动飞机只供私人旅行使用，但空客希望2030年能够研制出载客100人的机型。电子飞行对减少航空旅行的环境足迹大有裨益，目前航空旅行占全球碳排放的2.5%。

除了航空旅行的电气化，氢动力飞机是另外一个看上去大有前景的研究领域。在英国，有个财团正在研发一种19座、续航500英里、使用氢动力的飞机，空客集团的目标是到2035年造出绿色氢作为商用飞机的零排放燃料。

航运方面取得了更大的进步。许多航运和邮轮巨头正致力于实现净零碳排放。例如，维京邮轮公司宣布将建造世界上第一艘液氢动力邮轮，这条消息登上了报纸头条。同时，挪威正在逐步实现其沿海船只电气化。挪威自2015年开始一直在运营电动汽车渡轮，现在的目标是到2023年实现纯电动化渡轮，不过航线较长的渡轮将需要配备混合动力技术。

打造全新的电动交通运输方式：引入超级高铁

未来，我们真的还需要电动汽车、卡车、飞机来长途运输货物和人员吗？如果超级高铁成为常态，就不需要了。

超级高铁是超高速移动，本质上说就是超高速真空管列车。在超级高铁中旅行，胶囊列车通过电力推动沿着低压管道行进，浮在轨道上时依然采用磁悬浮技术，然后以每小时 760 英里的速度前进。也就是说，从伦敦到爱丁堡通常需要 5 个小时的旅程，超级高铁可能只需要 30 分钟。

超级高铁这个名字是埃隆·马斯克于 2013 年创造的，但埃隆·马斯克并不是致力于超级高铁的唯一先行者。其他超级高铁项目开始在世界各地出现，并且这项技术已经在美国和法国进行测试。其实根据一些专家的预测，超级高铁最早于 2030 年就能面世。

2020 年，维珍超级高铁公司（Virgin Hyperloop）宣布其下的维珍超级高铁已经完成了首次载人试验。搭乘 2 名乘客的列车车厢沿着管道加速到每小时 100 英里，然后减速停下来（维珍超级高铁在无人搭乘的试验中记录速度是每小时 240 英里）。维珍还与迪拜世界港口公司（Dp World）合作了一项名为"DP 世界货运速度"的超级高铁货运计划，旨在"以飞行的速度和接近卡车运输的成本"运输货物。

这项技术让我很激动。我相信超级高铁有巨大的潜力来取代传统的城际和跨欧洲大陆的旅行（包括载人和运货）。但是如你所料，对这样的创新技术，最大的麻烦就是成本。据报道，美国太空探索技术公司（SpaceX）的超级高铁阿尔法计划的基础设施，其成本为每英里约 1700 万美元，这个数字太惊人了，但超级高铁的研发商们坚持说，未来顾客要承担的费用会低于高铁和航空旅行。

趋势 2：
自主车辆

自动驾驶车辆提供了一个难得的机会，可以彻底改变人员和货物的运输方式，提高道路安全，缓解日益繁忙的道路上的拥堵。未来的自动驾驶汽车甚至有助于提高生产率，因为车内乘客可以专注于其他事情，汽车自己独立驾驶。另外，巨大的停车场也将成为过去式，因为无人驾驶车辆，甚至载人无人机会把我们送到目的地，稍后再回来接我们。下面我们看一下自动驾驶车辆将如何给交通运输带来积极的改变。

自动驾驶汽车

我们的汽车越来越智能且互联。随着这种互联性而来的是更大的自主性，即汽车对周围环境越了解（因为有摄像头、传感器等设备），它就越发能够自主行动。我们大多数人都比较熟悉巡航定速和自动泊车功能，但今天的汽车能做到的还要更多。

自主性分不同级别，从 0 级（人类必须自己完成所有的驾驶任务）到 5 级（车辆在任何情况下可以自主执行所有的驾驶任务）。自动驾驶的引领者特斯拉宣称，其自动驾驶技术很快就能实现 5 级自动了。其他很多汽车制造商正努力在未来几年内实现 4 级自动驾驶（车辆只能在某些特定情况下自动驾驶）。

所以说，我们很快就会有完全无人驾驶的汽车行驶在大街上吗？已经有了。Alphabet 公司旗下的自动驾驶出租服务公司 Waymo 于 2020 年向公众推出了完全无人驾驶服务。

与此同时，在货运方面，有几家公司正致力于研发自动驾驶卡车，其中包括图森未来（TuSimple），该公司正在与美国联合包裹运送服务公司（UPS）合作，在美国亚利桑那州和得克萨斯州测试运行。该公司于 2021 年 2 月完成了全球首次无人驾驶重卡试验，并计划于 2024 年开始销售自动驾驶卡车。

自主船舶和无人机

不仅仅是陆上交通工具正在变得更加自主。早在 2018 年就有了世界上第一艘自主渡轮，它可以在没有船员的情况下行驶。尽管实际上，我们距离大多数船只实现完全自主驾驶还需要几十年的时间。

无人机未来也将实现完全自主驾驶，可以在没有人类操作的情况下飞行并做出决定。无人机甚至会挑战传统的送货方式。有几家运营商正在投资无人机送货，这其中包括 Alphabet 的子公司 Wing Aviation。该公司于 2019 年成为第一家获得美国联邦航空管理局航空认证的无人机运输公司。

甚至载客无人机也即将到来——也可以叫作"飞行的出租车"。包括德国飞机制造商 Volocopter 在内的几家公司正在努力研发载客无人驾驶飞机。Volocopter 的旗舰机型 2X eVTOL 飞机，续航 22 英里，最高时速 68 英里，于 2019 年进行了首次城市载人试飞。该公司计划于 2024 年开始商业飞行，在 Volocopter 的各个无人机停靠站之间运送旅客。未来，这种载人无人机实现完全自动驾驶也并非不可想象。实际上，中国亿航（EHang）公司于 2020 年宣布将与奥地利的林茨市合作，为其"亿航 216"自动驾驶出租飞机开发试点项目。这是欧洲第一个此类别的试点项目，并计划在不久的将来进行试飞。

"最后一英里"问题的解决方案

自主驾驶交通工具面临的一个主要问题——尤其是在货物投递方面——就是"最后一英里"问题。自动驾驶卡车和货车最适合在高速公路上行驶并将货物运送到当地的存储中心。那么我们将如何穿过拥挤的城市街道，将货物从当地的存储中心运送到收件人的地址，放在他们的家门口呢？

一种解决办法是自动送货机器人，比如星舰（Starship）机器人。这种送货小机器人我已经用了好几年（它们在我的家乡英国米尔顿凯恩斯有业务），也确实在新冠疫情期间增加了我对它们的倚赖。但是像福特这样的大公司也在努力解决这最后一英里的问题。福特已经与美国的敏捷机器人公司（Agility Robotics）合作研发Digit——一种两条腿的送货机器人，它可以从自动驾驶车辆的后部展开，带着包裹"走"到客户家门口。Digit还可以上下楼梯。像以上这样的解决方案，加上自动驾驶汽车和卡车以及无人机送货，可能会在未来几年内彻底改变供应链。

趋势3：
运输的服务化

我将在第13章中更详细地讨论订购和服务化，所以在这里我简而言之。但是可以肯定地说，很少有哪个行业不受服务化趋势的影响，包括运输行业。随着越来越多的人生活在人口稠密的特大城市，以及人们对气候危机的日益关注，每个人都有私家车并开着私家车的日子屈指可数。事实是，我们将依赖于"出行即服务"（MaaS）提供商来满足我们的交通运输需求。

这一趋势在汽车销售的整体下滑中已经开始有所体现。现在人们购买汽车的意愿逐渐减弱，再加上诸如优步（Uber）和滴滴出行（Didi Chuxing）这样共享服务的兴起，交通运输现在比传统私有模式更加复杂和多层化。

什么是"出行即服务"（MaaS）？本质上说就是按需运输。从技术角度讲，像优步这样的公司属于这一类别，但是未来的MaaS提供商将通过单一的支付渠道和界面提供多种移动选择，而不是单一的交通方式。这种服务可能包含公共汽车、地铁、网约车、共享汽车、共享单车、共享电动摩托车，等等。有了MaaS提供商，你可以一天内借几个小时的汽车，稍后再借几个小时的电动摩托车，然后跳上一辆公交车回家，所有这些都是通过一个平台完成的。这里的关键概念是：要具有移动性，而不是所有权。在未来，大部分城市居民可能根本就不需要拥有汽车。

我们来看一下金融领域，也是最后一个具体的行业。

经验分享

■ ■ ■ ■

纵观这些趋势，对交通运输行业来说充满令人兴奋的机遇。例如，"出行即服务"为网约车服务提供了一个大好机会，可以满足更多客户的需求。电动化使得交通运输和供应链更具可持续性，而自动驾驶交通工具可以让交通运输更安全、更高效。

对交通运输行业以外的人来说，本章的要点包括：

- 企业必须开始着手选择更具可持续性的移动方案，包括电动公务车和自主送货机器人。（更多有关可持续运营的信息，请参见第 18 章。）
- 运输领域正在发生的自动化，所有行业都在发生。这意味着虽然艰难，企业也必须在人类自主所完成的工作和自动化之间取得平衡。（更多相关讨论，请参见第 19 章。）
- 服务模式也势必影响到每个行业，所以现在就开始考虑如何为顾客提供专门的订购服务或者共享服务。（更多有关服务性的内容，请参见第 13 章；有关共享经济的内容，请参见第 15 章。）

第 9 章

如何管理自己的金钱：
塑造金融行业的四个转变

　　到目前为止，我在本书中探讨了发生在主要商业领域的重要文化和社会转变。自然不能忽略金融行业。爱也好，恨也罢，货币是社会的重要部分。我们与货币的关系也在发生变化，包括我们如何使用金钱，谁能得到我们的信任来管理我们的金钱，以及作为金融客户我们希望得到何种对待。在本章中，我将探讨未来几年塑造金融行业的四大趋势。我们先来广泛看一下货币的未来。

转变 1：
未来的货币与现在的货币将大有不同

　　货币的数字化正在彻底改变我们与货币的关系。人们现在可以通过手机的应用程序点击屏幕、扫描手机甚至刷个笑脸就能为商品或者服务付费。实物货币经常是用不到的。

　　这种货币的数字化意味着我们的个人数据越来越与货币关联在一起，这一趋势只会继续发展下去。想象一下，未来更多的个人信息（例如，你是学生还是房主）都将融入你的金钱和交易中。在这样的环境中，支付系统几乎是不可见的，系统会根据我们的身份和状态发起自动支付（会根据身份或者会员资格自动使用相关折扣）。

这大概会改变我们对货币的基本认知。是不是当货币不再是实物时,当交易变得不可见时,我们就觉得其价值降低了呢?我们是不是不再需要现今的货币呢?也许是的。你可能会惊讶地发现,在过去的 30 年中,有超过 600 种货币消失了。可以想象,还有更多的货币即将消失或者被数字货币所取代,甚至包括一些主要货币。实际上,欧洲中央银行已经在研究引入"数字欧元"。

我们无法想象,将货币(就是实物货币)逐步从我们日常交易中去除会有怎样的后果。也许未来的货币体系不再由不同的经济、货币、中央银行和政治家来定义,而是由高度集成的数字平台和金融社区来定义。也许在未来,货币将会被社交货币完全取代,个人和企业在交换产品和服务时使用的是"点卡"而非货币。也许借贷将完全在社区中完成(P2P 平台的一种延伸,已经兴起),银行将完全被排挤出局。事实上,新科技初创公司已经在挑战老牌银行和金融服务提供商(相关内容稍后详谈)。

如果这样的未来愿景让我们隐约感到内心不安,那就对了。金融行业必须迅速觉醒,意识到我们与货币的关系变化,并相应调整它们的产品和服务。好消息是,这些数字技术为改善金融服务带来巨大的可能性,尤其是在个性化方面。本章稍后会详细讨论这一话题。

但这样的未来也将带来巨大的挑战。每年我们都能看到惊人的数据泄露事件(见第 2 章),而当我们的身份与我们的数字交易密不可分地绑定在一起时,数据泄露可能具有破坏性。这些金融系统是否更容易受到数据泄露、诈骗甚至恐怖主义攻击?它们绝对是相当有诱惑力的目标。但是在更多关注安全问题之前,我们先来详细讨论一下数字化的概念。

转变 2：
货币和金融服务的日益数字化

毫无疑问，新冠疫情大流行加剧了货币数字化进程。人们要么待在家里，要么不愿意在商店里拿实物货币付款，所以在线支付和非接触支付的数量开始激增。人们长期以来所形成的对银行和传统支付方式的信任越来越向数字货币转移。现金不再是王。

但是我们所说的数字货币到底是什么？从本质上说，数字货币指的是仅以电子形式存在的任何形式的货币或者支付方式，可以是简单的在线支付或者在线转账（在传统银行或者信用卡公司协助下完成），也可以是像比特币这样的整个加密货币一样很复杂（通常游离于传统货币机构之外）。所以数字货币会涉及信用卡、智能手机、应用程序、网上银行、转账平台和加密货币平台，但无论交易以何种方式发生，关键因素都是没有有形货币易手。

如今，大多数传统银行和其他金融服务提供商为数字货币交易提供了便利，而且不要求实物货币交换。但是它们将不得不扩大这种业务，才能与非传统运营商进入金融市场这一新形势保持同步，尤其是通过支付软件和数字钱包服务（本章稍后会详细讨论这些非传统的竞争者）。

加密货币是一个特别值得关注的领域。加密货币存在于使用区块链技术（见第 2 章）的去中心化网络上，这意味着没有一家中央银行或者中央政府发行加密货币或者对加密货币进行监管。如今，像比特币这样的加密货币，以及支撑它的区块链技术，正在获得越来越广泛的信任及使用。例如，特斯拉目前接受用比特币购车。基于对比特币的支持不断增强，比特币的价格在 2021 年 1 月创下历史新高。2020 年开始，美国货币监理署（OCC，隶属于美国财政部）批准联邦特许银行托管加密货币，并允许银行通过公共区块链网络简化支付功能。还是在 2020 年，新加坡最大的银行星展银行宣布，计划推出加密货币交易。换言之，加密货币正趋向主流。

总体来说这是件好事。因为区块链交易，就其去中心化的本质而言，是超级安全的。毕竟数字货币极易受到支付诈骗和数据盗窃的攻击。更广泛地采纳区块链技术（既可用于支持非加密货币交易也可用于支持加密货币交易）将有助于解决该问题。通过对交易进行分析和识别有欺诈迹象的交易模式，人工智能技术也有相同的作用。例如，万事达卡使用人工智能来检测和阻止价值数十亿美元的欺诈行为，并降低"错误拒付"率（交易被错误地标记为欺诈交易）。

除了网络安全，传统提供商面临的又一挑战是如何在客户不再定期与分行的出纳互动时还能够与客户保持个人关系。然而货币的数字化实际上提供了许多与客户个性化互动和改善客户满意度的机会（请见本章稍后讨论）。

数字化对环境是有影响的。比特币本身就需要大量的计算能力，而且耗电量堪比整个阿根廷的耗电量。为了使货币的数字化真正造福社会，它需要与可再生能源生产共同发展。例如在冰岛和挪威，加密矿工利用水力发电和地热能源来为他们的系统提供动力。（更多有关向数字产品转型的内容请参见第 10 章，有关可持续性运营的内容请参见第 18 章。）

转变 3：
金融应用程序和非传统提供商的兴起

推动数字货币新潮流的是移动支付应用程序和所谓的"数字钱包"，通常是应用程序服务，允许用来支付商品（例如，通过非接触支付）和给他人转账。一些数字钱包还可以存放其他一些你会放在普通实体钱包里的东西，比如近期活动的电子票证和礼品卡。

关键是，很多这些应用程序是由科技巨头和数字原生代初创公司开发的，而非银行。在数据和人工智能的推动下，这种新型金融科技提供商已经威胁到传统银行和金融服务提供商对货币和支付的长期垄断地位。

以移动支付应用程序（如 Venmo、Apple Pay、Google Pay、Samsung Pay）为例。贝宝（PayPal）旗下的 Venmo 在 2020 年处理了 1590 亿美元的支付金额，同比增长 59%，在美国使用人数超过 5000 万。想想看，一家传统银行需要多久才能实现这种客户增长，可能得要几十年。然而，移动应用程序能够通过快速蹿红的 P2P 互动和低成本结构做到快速增长。

数字钱包的使用和价值将继续爆发式增长。如今，数字钱包的价值通常是每个用户 250 美元到 2900 美元，但到 2025 年这一数字有可能会增长到每个用户 2 万美元，仅在美国就意味着 4.6 万亿美元的机会。传统银行必须停下来反思了。

应用程序也开始进入无担保贷款领域，提供类似 Klarna 那样的服务，就是千禧一代所流行的先买后付的数字支付系统。这将再一次从高街银行和其他贷款机构手中抢夺市场份额。此外，数字银行解决方案的目的是在单一数字生态系统中与传统银行的服务抗衡。

技术公司和初创公司竞争力如此强悍的原因之一是：它们没有受到昂贵的传统 IT 系统的阻碍。所以，这些新的金融技术提供商可以在研发产品和服务以及服务客户方面更加灵活。这是传统银行和金融公司需要应对的一个重大挑战，特别是考虑到 2019年年中，70% 的金融机构依然在审检其旧的核心银行系统，而43% 的机构仍然在使用 COBOL 语言——一种早在 1959 年就有了的编码语言。

如果所有因素都考虑在内，普华永道对金融行业一项调查的结果也就不奇怪了。调查发现，该行业 1/4 的企业可能在五年内将面临被金融技术企业打败的危险。

显然，货币数字化给传统银行和中间商，比如处理信用卡交易的公司，造成了威胁。（更多有关技术如何消灭中间商的讨论请见第 14 章。）现在，让我们先把目光转向金融业数字化的主要优势之一：个性化的潜力。

转变 4：
消费者对更个性化、更智能服务的期待

我在第 12 章中详细讨论个性化内容，在第 11 章中讨论智能服务内容，但是让我们先探讨一下金融领域的个性化和智能服务是什么意思。

根据普华永道最近对金融技术的一项调查，客户智能将成为对收入增长和盈利率最重要的预测。金融数字化正创造出有关客户使用资金方式的全新数据流，这一信息可用于为客户提供有关他们资金支出的有用建议，甚至在未来可以交叉销售其他相关的金融产品和服务。

例如，独立的英国银行 Metro Bank 有一个智能工具叫作Insights，可以分析客户支出模式，并预测客户在下一次薪水到账前是否会超过信用额度，或者是否会有意外支出让他们陷入赤字。这就是银行客户在 21 世纪将越来越期待的个性化、量身定制的服务。

这种向智能和个性化的转变——如果你愿意，也可以叫作以客户为中心的运作——是由人工智能驱动的。甚至现在有 85% 的银行高管说人工智能是银行的首要技术之一，而人工智能的实现可以带来客户满意度和销售额 25% 的增长。

由此，我们来到了第二部分的结尾。希望我为每个行业概括的趋势、挑战、机遇和实践经验已经突出强调了你所属的企业采取行动的必要性。对很多企业来说，这将促使他们反思其提供的产品和服务。于是便刚好引导我们进入本书的下一个部分。

经验分享

■ ■ ■ ■

本章我们了解到，金融行业正受到老牌技术巨头和专业初创公司所提供的新一波金融技术产品的严重干扰。无论你的企业是否在银行领域运作，都可以从本章中获得几个重要的经验：

- 所有企业必须更新自己的支付体验，与货币数字化保持一致。与数字钱包和支付平台的无缝集成可能会为你的企业提供一个重要的竞争优势。
- 你可能还需要投资某些技能和工具，来收集有关客户需求的数据。这对设计更加个性化的产品和服务至关重要。
- 最后，我相信每个企业都必须权衡数字原生代初创公司和技术巨头带来的风险。考虑一下你的行业是否面临数字优先的公司从传统运营商手中夺取市场份额的风险。

企业服务的再思考

第三部分

如果企业想要继续提高效率，解决客户的问题，它们就必须根据正在发生的巨大变化重新考虑其产品和服务。这绝非易事。重新构想企业业务是需要勇气的，这可能会蚕食掉已有的业务模式（想想看，苹果重点关注 iPhone 和 Apple Music，从根本上导致 iPod 被淘汰）。这么做还需要谦逊的态度，看看其他行业和企业，明确它们哪里做得好。希望这部分中的真实事例能够帮助企业领导者走过这段充满挑战的旅程。

第三部分中的每一章都会讲到一个重要的商业趋势，比如走向数字渠道或者渴望更具可持续性的商品和服务。每当我与企业领导者一起，帮助他们规划企业如何面向未来之时，这些趋势就是我们审视其业务的聚焦点。换言之，我几乎每天都与企业领导者讨论的主要话题就是这些趋势。

当然，这些趋势之间是有些重叠的，但整体读下来，这些章节应该会让你很好地了解消费者需求以及客户价值主张发生了怎样的变化。未来最成功的企业会专注于这八个趋势，以确保其相关性及企业成就。

第 10 章

渠道数字化与扩张：
从实体到数字／混合产品和渠道的转变

当然，大多数企业在与客户建立联系方面已经走上了数字化道路。但在过去，这个数字化之旅通常是把数字渠道，包括网址、社交媒体视为附加项目的。如今情况彻底改变了，顾客更多是通过数字渠道办理业务的。换句话说，就是数字优先。可不能再把它当作是附加项目了。

新冠疫情加速了数字化转型。在麦肯锡对高层人员的一项全球调查中发现，疫情大流行在短短几个月时间内将客户与供应链之间互动的数字化进程加快了三到四年。更惊人的是，数字（或者数字化）产品的份额增长加快了七年。除此之外，受访者还表示，根据供资的重点所显示，这种数字优先的态势还会继续存在下去。数字项目被证明是重中之重。

这种快速转变意味着企业必须集中精力与客户建立起更优良的数字优先式的互动。就我的理解，它意味着要专注于三个具体领域：

- 应用程序
- 一个极佳的全渠道体验（客户可以在不同渠道之间无缝转换且仍旧可以获得一致的客户体验）
- 新式的、纯数字产品

我们逐一探讨一下每个领域。

应用程序（和超级应用程序）革命

目前大概有 500 万个可用应用程序（等你读到这本书的时候，确信还会有更多）。很可能你每天都要用到应用程序，无论是和朋友闲聊、订购商品，还是测量你的卡路里摄取量、查询银行账户，等等。

所有行业都被应用程序扰乱了，包括传统的面向客户的行业，比如银行、医疗健康、休闲旅游和零售业等。简而言之，应用程序正在从一个附加功能快速过渡到与客户接触的中心点的位置。也就是说，应用程序是通往客户的门户，是获取客户、与客户互动、进一步了解客户和改善客户体验的宝贵工具。

我们来看一些例子。

星巴克

我会在本章稍后详细讨论星巴克，所以在这我就简明扼要地讲一下。我把星巴克放在这里重点强调，是因为它集中体现了传统面向客户的行业运用应用程序的方式。使用星巴克的应用程序，顾客可以找到当地门店、浏览菜单、下订单，还能通过"完成挑战"获得额外奖励。所以在连锁经营的应用程序中，星巴克的应用程序是很受欢迎的一款，这也就不足为奇了。

Spin 移动应用程序

我酷爱这个例子，因为它与第 8 章中强调过的自动化、电气化和服务化的移动趋势紧密相关，可见本书中的各个趋势是交织在一起的。福特旗下的"微移动"公司 Spin 与美国软件公司 Tortoise 合作，提供远程操作（即由远程操作团队驾驶），可以通过应用程序预约或者实时叫到三轮电动摩托车。叫车服务预计将覆盖北美和欧洲的城市，包括我的家乡米尔顿凯恩斯。远程操作的特点意味着这些摩托车可以轻轻松松就重新配置到需要它们的地方，也希望这意味着不再有废弃的电动摩托车被扔在人行道上。未来的愿景是，像这样的摩托车将完全自主驾驶，所以也将不再需要有人远程来操控它们。

医疗保健与健康应用程序

我在第 4 章中谈到过医疗保健的数字化，但这里还想再次简要谈一下，因为这是应用程序影响行业发展的完美事例，不仅影响以客户为中心的行业，也影响与身体健康相关的行业，而且影响是巨大的。事实上，现在每天新增大约 200 个与健康相关的应用程序。自新冠疫情大流行以来这个数字可能还有所增长。

我最喜欢的应用程序有 Generis，它会根据 DNA 提供有关医疗、健康、营养和补充剂方面的健康建议。（DNA 是从诸如 Ancestry.com 和 23andMe 这样的数据库中检索获得的。）还有像 BetterHelp，一款在线咨询应用程序的先驱，病患可以更方便、更实惠地找到合格的心理健康专家。又或者，如果你需要联系医生，可以用 Teladoc，病患 24 小时随时都可以通过视频或者电话咨询到委员会认证的医生。Teladoc 的医生甚至可以开处方，到病患选择的药房拿药。在英国，英国国家医疗服务体系支持病患使用多种应用程序，其中包括 EXi，这个应用程序能创建个性化的 12 周锻炼计划。

超级应用程序的兴起

我们发现，具有同完整的生态系统一样功能的应用程序不断出现。从与朋友聊天到资金管理，再到预约出租车，客户可以在一个应用程序内完成所有这些事情。Gojek、Grab 和微信就是这样一些所谓"超级应用程序"的最好例证。

例如，印度尼西亚的应用程序 Gojek 为东南亚地区的使用者提供数十种服务，包括数字支付、送餐、运输、投递包裹，甚至包括做按摩。这款应用程序于 2015 年推出，现在是东南亚最大的顾客交易技术集团，每天处理超过 700 万份订单。

同样在东南亚，Grab 最初以 GrabTaxi 出租车呼叫服务起家，现在已经扩展出多种消费者服务，包括酒店预订、购票服务、视频点播、杂货购买以及金融服务（比如移动支付和小企业贷款）。

应用程序即业务

如今的应用程序已经不再是业务的延伸，而是业务本身。这意味着公司必须围绕着数字优先、以应用程序为中心的模式进行整改。你所有的业务，从客户服务到业务开发和市场营销，都必须通过应用程序完成。这可能需要新的技能与合作伙伴，要么需要投资内部应用程序研发，要么需要与专家合作定制全新的应用程序，要么借力第三方应用程序（比如在 Facebook Messenger 和 Snapchat 中有客户查询聊天机器人这一特色功能）。

成功的关键是客户体验，特别是应用程序与全面客户体验的融合程度。这就引出了我们下一个话题。

创造一个完美衔接的全渠道体验

似乎创造一个有吸引力的应用体验还不够，企业必须继续创造一个圆满的混合模式世界，客户可以通过多种渠道，以高度一体化的方式与品牌及产品／服务互动。从线下到线上，再回到线下，你必须使这种混合型体验无缝衔接，让客户享受顺畅而轻松的接触。这就是众所周知的全渠道体验，不要和多渠道体验相混淆。在多渠道环境中，客户可以通过多种方式与你的品牌关联，但这些渠道之间并不相互关联、协调统一。然而在全渠道环境中，客户或者用户在不同渠道之间无缝切换，移动应用程序里、电脑桌面网页上、门店里、手机上，享受真正的一致体验。研究表明，拥有强大的全渠道策略的品牌平均保留了 89% 的客户，相比之下，全渠道策略较弱的企业只保留了 33% 的客户。

我们来看几个已经实现全渠道体验的品牌。

星巴克（旧话重提）

前面我快速提过星巴克的应用程序，就从那里开始讲吧。星巴克的奖励积分应用程序不仅能帮顾客追踪和充值会员卡，还能帮助顾客定位附近的门店并下订单。这款应用程序还可以记忆你喝咖啡的喜好，然后推荐能与你的订单搭配的其他饮品和餐食。等你一到店，就可以不用排队，你的咖啡已经制作完成并立刻可取了（作为星巴克奖励会员，你还可以享受免费续杯）。店内支付也可以使用应用程序。最后，如果你喜欢在门店听到的某一首歌，应用程序会连接到 Spotify，这样你就可以识别出来并添加到播放列表里。

添柏岚

应用程序与店内体验结合在一起的另外一种方式是通过近场通信（NFC）标签，允许客户扫描产品并获得更多信息。添柏岚（Timberland）用这个办法在其门店中创造了更加互联的客户体验。购物者会拿到一个平板电脑，在整个门店内靠近产品和标签时，平板电脑上就会提供更多有关该产品或该产品报价的信息。随着顾客查找更多的产品信息，系统会了解他们的偏好，并开始推荐其他适合他们的产品，从而创造更加个性化的店内体验。

迪士尼

计划一次去迪士尼公园的假期，你会获得全渠道体验。旅行开始，你首先在炫目的迪士尼网站上预订，然后可以使用"我的迪士尼体验"应用程序更详细地计划你的假期，包括确认订餐和速通票。等你一旦到达园区，应用程序就会帮你定位到必看景点，还会提示你每个景点需要等待的时间。迪士尼通过魔法腕带进一步改善游客的亲身体验。这是一款与应用程序和快速通程序集成的真正的腕带。腕带还可以用作酒店房间钥匙、订餐工具和照片存储设备。

达美乐

食品订购和递送现在通常是通过数字渠道完成的。像星巴克一样，最成功的连锁店会努力让顾客无论使用哪种渠道都能获得相同的轻松体验。

对我而言，达美乐就是这方面的优秀案例。作为一家有着 60 年历史的比萨公司，达美乐在顾客订购方式方面经历过很多变化。如今，这家连锁店为顾客提供超过 15 种订购比萨的渠道，包括致电给附近门店，使用专属应用程序，通过社交媒体发送比萨的表情符号，甚至可以通过 Alexa 订餐。不管我用哪种渠道，都畅通无忧。

这种线上和线下的混合型体验正在食品行业形成规模，大到达美乐和麦当劳这样的大型连锁企业，小到我家乡当地的炸鱼薯条店。是的，哪怕是我老家的摩尔炸鱼薯条店，都有一个应用程序让我可以在网上订购周五晚上的外卖，然后在门店的专门入口自取。或者为了更方便，我可以让星舰（Starship）的送货机器人给我送过来。这表明，即便是小微企业都必须考虑整合它们的数字渠道和实体渠道，以创造完美衔接的客户体验。

野火鸡威士忌品尝

除了店内、应用程序、上网和电子商务，还有一些新的渠道可以考虑整合到客户体验中，尤其是像 Alexa 这样的声控设备。这便是野火鸡（Wild Turkey）[①] 在新冠疫情大流行期间创造引导虚拟威士忌品尝体验时决定采用的路线。顾客唯一需要做的就是要求 Alexa "打开野火鸡品尝"，然后他们就可以听到酿酒大师讲解不同种类的威士忌，给出品鉴记录，根据提问提供内容。

这个例子说明，即便是传统行业也正在接受数字化的方式与客户建立联系。但是正在走向数字化的不仅仅是客户体验和营销/销售渠道，产品也正在走向数字化。

打造纯数字的新产品

到现在为止应该很清楚，现实世界与数字世界之间的界限正变得越来越有隙可入（如果不是毫无意义的话）。这意味着很多公司将希望开始考虑纯数字产品。对很多公司来说，纯数字产品就是智能的，由人工智能驱动的产品（我将在下一章详细讨论这些产品）。

因此，很多行业已经从实体商品转向数字商品。最好的例子就是音乐，也有游戏、图书、杂志，甚至还有艺术。我们来看一些有趣的纯数字新产品的例子。

火箭联盟

我的两个儿子都很喜欢这款游戏，它有点儿像在竞技场上开着

---

① 野火鸡（Wild Turkey）：坐落于美国肯塔基州产区的劳伦斯堡（Lawrenceburg），现为美国金巴利集团（Campari Group）旗下的一个威士忌品牌，是美国最畅销的波本威士忌品牌之一。

车踢足球。游戏制作者在里面创造了一个完整的生态系统，玩家可以购买或者交易名车和游戏装备。至少对我的孩子们来说，这些都是他们在学校的谈资。所以，他们连最新款的必备运动鞋都不要了，而是越来越渴望拥有最新款的必备数字装备。

数字服装

类似的情况也开始发生在时尚行业，一些公司提供数字服装（把品牌服装以数字化形式穿在你的虚拟人像身上）。这听上去有点怪异，但由于快速时尚导致环境危机，我开始对零浪费的数字时尚产生兴趣。以 Fabricant 为例。这个"永远数字，从不实体"的品牌创造出可以在虚拟现实中使用和交易的数字服装。还有 DressX，给你的虚拟人像提供各种各样的数字服装和配饰，这样你就可以在 Instagram 上炫耀你的新衣服。

现在甚至还有一家数字模特经济公司。该公司由卡梅隆·詹姆斯·威尔逊（Cameron James Wilson）创办，有一群虚拟模特，其中包括在 Vogue 上亮相的数字超模 Shudu。

数字艺术

2021 年 3 月，世界上"第一个机器人公民"索菲亚成为第一个拍卖自己的数字艺术作品的机器人。这一情况的出现以日益流行的 NFT（非同质化代币）数字艺术市场为背景，其艺术作品保存在区块链上。这段 12 秒钟的视频被命名为"索菲亚实例"（Sophia Instantiation）[与人类艺术家安德烈·波纳塞托(Andrea Bonaceto) 合作创作]，以 688 888 美元的价格售出。实际上，NFT 作品的售价已经开始超过世界上一些著名画家的实体艺术作品。2021 年 3 月，艺术家 Beeple 的一件以 jpeg 为格式的数字作品售价高达 7000 万美元。

合成媒体

感谢人工智能的出现，合成媒体，即由计算机生成媒体（文本、图像、视频和声音），近年来已经取得巨大的飞跃。我们经常与像 Alexa 和谷歌助理这样的数字助手互动，而这些智能助手随着时间的推移只会变得越来越逼真。

你甚至可以创造一个真实合成版的自己。有一家名为 Synthesia 的公司，让用户可以使用自己真实的数字化身（如果愿意，也可以用自己的声音）制作专业的合成视频。而且因为内容是由智能机器创建，视频在几分钟内就可以生成。可以想象，这也许会彻底改变企业创建数字内容的方式。

当然，投资数字渠道和产品的一个重要优势是：可以收集更多有关客户行为和偏好的数据。这些数据可以帮助你设计更智能的产品和服务（见第 11 章），个性化你的产品和服务（见第 12 章）。现在我们来谈谈这些趋势。

经验分享

▪▪▪▪

渠道和产品的数字化为所有企业都创造了巨大机遇。让我们重述一下本章的要点：

- 无论规模大小、所属哪种行业，所有企业都必须具有一种数字存在。我们现在生活在一个数字优先的世界里，而应用程序在这一变革中发挥了巨大作用。

- 客户体验必须覆盖多种渠道（线上及线下），具备无缝衔接、一体化和轻松实现的特点。随着企业越发通过多个接触点与客户进行交互，建立一个流畅的全渠道体验是极其重要的。
- 应用程序和网站显然是重要的，但不要忽略新渠道的重要性，比如语音互动。
- 企业领导者还必须开始考虑纯数字产品可能对其行业所产生的影响。

第 11 章

知化的产品及服务：
更智能的产品和更智能的服务

如我们在第 2 章中所讲，人工智能和物联网无处不在，是我们日常生活中密不可分的一部分。从越来越多的产品都被冠以"智能"之名就足以看到这一趋势。智能的意思是，它们可以收集、发送和接收数据。"知化"这个词是《连线》（Wired）杂志的创始主编凯文·凯利（Kevin Kelly）创造的。如今这个词被广泛应用于日常产品和机器，从咖啡机和冰箱到汽车和工厂里的大型工业机械（见第 2 章中提到的"物联网"）。实际上，鉴于传感器尺寸越来越小，成本越来越低，几乎所有物品都可以智能化了。

如我们在本章中将看到的，不仅产品越来越智能，服务也一样。

更智能的产品

智能产品的连通性很重要。通过收集和传输数据，这些智能产品会习得对周围环境／用户偏好做出反应，从而使消费者与产品之间的互动更有意义，重要的是，更有用。这说明，让产品为了智能而智能是没有意义的，必须为用户增加价值才行。

来看一下我喜欢的几个例子。

智能家居恒温器

虽然现在有许多智能家居恒温器可选择，但其中谷歌 Nest 是知化家居恒温器的先驱。我最喜欢 Nest 恒温器的理由是：它会习得你的住家习惯，然后自动调节你的供暖设备。如果你大部分时候在晚上六点下班到家，它就会获取你的常规作息，在你回家之前开始供暖或者制冷。同时它还配备了活动传感器，能判断家里是否有人，并相应调整温度。

智能汽车

于我而言，特斯拉是有意义地将人工智能添加到产品中的绝好例证。人工智能（具体说是机器学习）是驱动特斯拉自动驾驶功能的技术。两个人工智能芯片分别对车辆周边情况做出评估，然后将两套评估进行对比，如果评估结果一致，则据此引导汽车前进。这样能够确保汽车在自动驾驶模式下有更好的操控性和安全性。而且至少眼下自动驾驶是为了协助驾驶人员，而不是完全取代驾驶员。驾驶员会不断得到提醒，要把手保持在方向盘上，如果不这么做，汽车会发出一系列警告，最终会减速，直至停车。另外，特斯拉还有哨兵模式，可以监控汽车周边环境，并在汽车无人看管时录取视频。

智能扫地机器人

在 2021 年国际消费类电子产品展览会（CES）上，三星发布了世界上首款人工智能真空扫地机器人 JetBot 90 AI+。这款真空吸尘器使用传感器和人工智能对周围环境做出反应，识别物体，优化清洁路线。它可以降低高度并且能在不同的家具下面，识别易碎物品并与之保持安全距离。

人工智能咖啡机

澳大利亚 JURA 是一家优质的咖啡机制造商，自 2019 年以来就开始生产智能咖啡机。Z6 使用人工智能了解和预测用户的咖啡选择，并根据用户之前的个性化选择更新显示屏上的咖啡选项。

智能冰箱

三星显然已经全力投入智能家居产品开发。它有一款 Family Hub 智能冰箱，配置了人工智能摄像头，可以识别冰箱内的食物，让你了解哪些食物快吃完了。（你也可以通过智能手机访问摄像内容。这个功能在你出去购物又记不清家里的奶油还有没有的时候很管用。）这款冰箱还有一个膳食计划功能，你可以提前做出一周的膳食计划，还能创建一个所需配料的智能采购清单。

智能灯泡

飞利浦制造了一系列可以远程操控并发出彩色灯效的智能 LED 灯。飞利浦 Hue 的智能灯泡可以兼容 Alexa 和谷歌 Home 的设备，可以通过语音指令控制，当系统感知到室内没有人时就会自动关灯。飞利浦还有一款应用程序叫飞利浦 Hue 声光同步器，可以将灯光与音乐、视频和电影同步闪烁。

智能自动航行船舶

作为非营利组织 ProMare、IBM 和其他合作伙伴之间的合作项目"五月花"号自动航行船（Mayflower Autonomous Ship），是一艘 15 米长的无人科研船。根据该项目的通讯主管乔纳森·巴蒂（Johnathan Batty）所说，将科研船上的人员全部撤离减少了许多对设备和人类生存及舒适便利设施的要求，这意味着船只可以有更高的效率。这艘船上装满了传感器、摄像头和处理器，使它能够安全航行，并执行研究任务。所有这一切都是全自动完成的（尽管也可以在陆地上监控和远程操控）。

智能狗门

MyQ Pet Portal 是一款智能宠物门，2021 年国际消费类电子产品展览会（CES）智能家居类"最佳创意奖"得主。如果你不在家，你的小狗想出去玩儿，智能门就使用连接在蓝牙项圈传感器上的摄像头和人工智能来识别你的宠物，让它出去再进来。或者，有一个"应邀开门"功能。当你的宠物来到门前时，系统会提醒你，然后通过配套的应用程序，你可以在开门前看到它并与它交流。宠物门上也装有一个非接触式传感器，确保它绝不会在关门时夹到你狗狗的尾巴。

我发现这个例子特别鼓舞人心，因为 MyQ 是张伯伦集团（Chamberlain Group）的一个子部门，该公司成立于 1954 年，主要业务是设计和制造车库门遥控器和大门进入系统。尽管张伯伦不是一家原生的数字化公司，但它依然为 21 世纪创造出了获奖的智能产品。

机器人割草机

厌倦了修剪草坪吗？那你可能会对富士华公司（Husqvarna）的自动割草机感兴趣。这是一款配备 GPS 的割草机，可以让你的草坪保持完美状态。它可以根据草的长度、天气状况和复杂区域（比如斜坡和障碍物）等不同因素来自动调整操作，并与你的智能手机连接，这样你就可以随时追踪割草机的工作进度。它还可以通过 Alexa 和谷歌助理进行语音控制。

智能飞行家居安全摄像头

2020 年，亚马逊发布了 Ring Always Home Cam，这是一款自

动的类似无人机的摄像头，在你外出的时候可以在家里飞行，监控并记录外来干扰。它连接家里的传感器，当传感器检测到可能的强行闯入时，摄像头会沿着预设的路径自动飞到指定位置。你的手机上会接收到警报信息，让你可以实时查看室内情况。就是说，房屋主人不需要在家里安装多个设备，因为 Ring 会哪里需要就飞到哪里。

我希望这些例子能够证明产品的知化将影响到几乎每个行业、每种类型的产品，但受到这种趋势影响的还不仅仅是产品。我们正在迈进一个智能的，人工智能也在增强服务的时代。

更智能的服务

人工智能增强的服务可能代表着不同的意思。首先，人工智能可以用来改善你为客户提供的现有服务。或者，有机会研发全新的由人工智能驱动的服务和企业模式。（还有"人工智能即服务"的说法，即人工智能提供商通过订阅模式提供人工智能工具，我会稍后在第 13 章中详谈。）

有了数据和人工智能，企业现在可以比以往更加了解它们的客户，了解客户的行为、偏好、喜欢什么样的服务，等等。有了这些信息，企业就能制订更加有应对性、更加智能的解决方案，并提供更加个性化的服务（第 12 章会详细讨论个性化问题）。亚马逊的个性化推荐引擎是智能服务为客户增加价值的一个典型事例。

无论你的企业已经是服务型企业，还是你正在考虑从产品中将服务分支出来，人工智能对提供 21 世纪的客户所想所需的服务都是至关重要的。如果你的客户尚且没有期待得到更加智能、更加个性化的服务，我保证，他们很快就会开始期待了。也就是说，如果你不提供更智能化的服务，就有被其他提供商超越的风险。回想一下第 9 章，传统银行是如何被科技巨头和初创公司抢走市场份额的。

我们来看一下人工智能增强服务的几个例子。

谷歌地图

谷歌地图每天帮助司机在全球 220 个国家进行导航，行驶超过 10 亿公里路程。谷歌地图的两大重要功能是路况（例如，路上是否有重大交通堵塞）和路由（即从 A 到 B 的最佳路线）。两者都是基于人工智能完成的。

谷歌路况功能真正高明的一点是，它并不显示当下的路况（如果你已经堵在路上，这功能用处不大），而是对即将出现的路况做出预测。为了实现这一功能，它要同时分析历史时期的交通特点和实时交通路况，并通过人工智能生成交通预报。因此，谷歌地图预测到达时间的准确率高达 97%，并能在新冠疫情大流行期间应对驾驶习惯发生的巨大变化。

谷歌的交通预测模型还有助于确定最佳行车路线，以及其他诸如路面质量、道路宽窄、直路还是弯路、收费、限速等信息。谷歌还收集司机的事故报告，以监测路上发生的意外变化。

抖音上由人工智能驱动的社交媒体内容

所有社交媒体平台都通过人工智能算法来向用户提供内容。在这方面，视频分享平台 TikTok 是一个典范。该应用程序密切监控用户对视频的反应和参与度——包括点赞、分享、完整播放等正反馈与划走视频等负反馈，并据此推荐相关视频。在很短时间内，它搜集到的信息就足以精准预测出用户将对哪些视频感兴趣。而这样做的结果就是：用户会在这款应用程序上花更多的时间。难怪在 2020 年 12 月，TikTok 超过脸书［现更名为元宇宙（Meta），下同］，成为全球下载量最大的应用程序。

甲骨文的自修复、自治数据库

甲骨文公司（Oracle）表示，它的自治数据库减少高达 90% 的操作成本，并在 5 年内提供 417% 的投资回报率。怎么做到的？就是用人工智能自动化操作数据库优化、安全、备份、更新和其他日常任务。换言之，它可以在完全没有人工干预的情况下修补数据库的安全漏洞，避免用户错误。

人工智能会议记录

除了自治数据库，一系列其他商务工具也正在走向智能化。Otter 就是一个例子。使用 Otter 可以生成会议、采访、讲座以及其他语音对话的准确记录。（结合 Zoom 使用，也可以用手机或者网络浏览器录制对话。）你获得实时流记录，然后在对话结束几分钟以后就可以导出并分享内容丰富、具有搜索功能的笔记。

人工智能聊天机器人，帮助解决家庭暴力

聊天机器人是另外一种通过人工智能向用户提供更智能服务的方式。如今我们有客户服务聊天机器人、帮助聊天机器人、健康机器人，甚至会帮你计划和预定完美假期的机器人。其中一个有趣的例子是 rAInbow 的一款机器人，叫作 Bo。Bo 来自南非，是个友善的机器人，可以在任何时候谈论家庭暴力或者让人感觉不对劲的关系。很多人不愿意与朋友或者家人分享忧虑，而且有时候相互间的关系是否有虐待倾向也并不是很明显，所以 Bo 提供了一个安全的空间让来人表达忧虑、咨询问题并得到建议。Bo 的设计初衷是帮助用户发现施虐的迹象，了解什么是健康的行为、什么不是，并获取有益的资源，就像有一个全天候、毫无偏见的朋友在身边一样。

整合智能产品和服务

在这个个性化和服务化的时代（见第 12 章和第 13 章），产品与服务之间的界限变得越来越模糊。以 Alexa 和谷歌助理这样的智能家居助手为例。它们都是人工智能驱动的服务，通过像亚马逊 Echo 和谷歌 Home 音箱这样的智能设备提供服务（详情请见第 13 章有关附加服务模式的内容）。

现在，我们举一个非科技类的例子，这个例子来自保险业。从理论上讲，保险是你购买的一种交易性产品（而且，只要一切安好，就很少用得到）。但通过创建一种支持客户，使客户生活得更轻松、更健康的服务，精明的保险公司正在与客户建立起更有意义、更具增值性、服务性更强的关系。

这方面我最喜欢的例子是健康人寿保险的提供商——活力健康公司（Vitality Health）。与传统的健康保险提供商不同，活力健康公司不理赔疾病，而是理赔健康。公司通过数据和人工智能追踪客户的健康行为，由此创建一个共享的价值体系，即客户受益于更低的保险费（当然，还有更健康的生活），而保险公司则受益于更低的赔付。

活力公司先评估新成员的基础健康与生活方式信息，例如吸烟、饮酒、身高、血压等。这些信息用于确定顾客的健康年龄指数（Vitality Age）。（有趣的是，79% 的受访者的健康年龄都高于他们的生理年龄。）然后，活力公司为每个成员创建一个"个人路径"，目的是帮助客户通过更为健康的选择来提高他们的健康年龄。它们从苹果手表这样具有兼容性的可穿戴技术产品中收集数据，也从包括健身房这样的合作伙伴那里收集数据，以此来追踪客户的行为。当客户坚持使用其"个人路径"时，他们就会获得积分奖励，可以用来兑换折扣服务。生活方式越健康，奖励就越多。活力公司还使用搜集到的数据来更准确地为保单定价，并根据会员对其个人计划的参与度来调整保险费。

就个人而言，这正是我想从我的保险公司那里得到的智能服务。我希望保险公司增值、更主动、防患于未然，而且还能帮我省钱。未来会有更多的服务提供商（不仅仅是保险公司）将提供智能服务作为标准。

如我之前所述，知化你的产品和服务将为你向个人客户提供个性化服务创造巨大的机遇。下一章，我们将探讨品牌是如何利用个性化这一大趋势的。

经验分享

■■■■

无论你的企业是产品型企业，还是服务提供商，或者是两者的结合体，都有如下要点建议：

- 人工智能驱动的产品和服务不再是大型科技公司的专利。
- 未来，几乎每一种产品和服务都会带有一些人工智能元素。最终，一切都会变得更加智能。这个趋势不会消失，所以每个公司都必须考虑，这种对万物皆智能的渴望将如何影响自己的产品和服务。
- 知化你的产品和服务有很多好处。你可以更好地了解你的客户，比如他们如何使用你的产品和服务，他们的习惯和偏好，等等。然后运用这些数据改善你的产品，更深度地吸引客户，创造更好的产品和服务，并促成未来的成功。
- 展望未来，与 Siri 和 Alexa 这样的语音控制和智能助手相结合对智能产品（甚至可能也对智能服务）将变得更加重要。

第 12 章

正确的时间、正确的地点、刚好适合你：
微时刻和个性化的兴起

过去的大规模营销策略正在消亡。在这个高度个性化的时代，人们都想让自己与众不同。他们期望品牌能够了解并回应他们的个人需求，希望有些东西对自己来说是独一无二的，而且想即刻获取。

换句话说，你的客户渴望与你的品牌产生更有意义、更直接的联系。这便引出本书中最重要的趋势之一：微时刻与个性化的兴起。

现代速度

如我们在第 5 章中所述，人类现在的平均注意力持续时间还不如一条金鱼。我们总是忙忙碌碌，被各种内容狂轰滥炸。这就意味着我们需要快速的解决方案。在这个快节奏、数字优先的时代里，企业面临的挑战（和机遇）就是要精准抓住客户寻求某种特定需要（一件产品、一条信息，或者无论什么）的那些瞬间，然后将客户想要的迅速提供给他们。不开玩笑，一定要快。服务客户所需的机会可能就只有几秒钟，如果你没做到，他们就会转向下一个选择。这就是谷歌所说的"微时刻"（也被戏称为"快来抓我"的趋势）。

引进"微时刻"

意图丰富的时刻是指当一个人因为想了解、想做、想买什么，或者想去哪里而拿起一个设备的那些时刻。他们也许正在寻找关于某个主题的信息，尝试完成某项任务，寻找购买某个东西，或者试图寻找某个当地企业。无论想要什么，他们想即刻获取，于是他们就会被目前能够配送的品牌所吸引。根据埃森哲（Accenture，称微时刻为"瞬间市场"）的数据，85% 的高管认为实时（或者近实时）配送是下一波竞争优势。

换言之，商业成功不再仅仅意味着抓住市场，还意味着捕捉这些时刻。谷歌认为，企业需要做到：

- **在场。** 当这些意图丰富的时刻发生的时候在场（意思是能够为你的目标受众预测到这些微时刻）。要实现这一点，你的企业可能需要改善预测技术，可能还需要更多的数据。当然，如果想在合适的时刻在场，你就需要通过数字渠道与客户建立联系（见第10章）。
- **实用。** 提供相关的数字体验并快速将人们与其想要的产品建立联系。
- **负责。** 创建全渠道的完美体验，并估测影响。

识别出这些产品需求的时刻并完成配送只是问题的一个方面。企业还必须将其与个性化相结合，因为客户不仅希望自己的需求得到即刻满足，还希望感觉到自己是独特的。（71% 的消费者在购物感觉缺少人情味的时刻表示很失望。）这就是说，品牌必须在客户非常需要某种产品的时候捕捉信息，并立即满足这一需求，同时提供个性化体验（可以通过个性化搜索结果、推荐、定制产品，或者其他方式）。就这样想：个性化现在意味着要为个人和那些时刻个性化你的产品或者服务，而且都是大规模的。

从大规模生产到大规模个性化服务

客户越来越希望参与到他们消费的产品和服务的形成过程中。根据德勤（Deloitte）的调查，大多数消费者不仅愿意为定制产品或服务支付 20% 的额外费用，还希望积极参与到这个过程中（例如，参与决定产品如何根据他们的需求实现个性化）。举个简单的例子，买一辆新车，然后你可以决定最适合你的那些选项和配件。现在我们几乎什么都可以定制，从运动鞋到护肤产品，再到音乐播放列表。

当然，问题在于个性化与以大规模、大批量的产品和服务销售为特点的主要商业模式相矛盾。好消息是，使大规模个性化成为可能的技术是存在的。我们有推荐引擎，可以向客户推荐他们最有可能想要的产品或服务。我们现有的数据比以往更丰富，还有智能分析解决方案来把数据转化成客户真正想要的洞见。我们有产品配置工具，允许客户决定他们的产品中需要什么。随着制造技术（包括 3D 打印技术）的进步，生产定制产品变得更加容易，性价比也更高。所以，即将到来的下一波个性化趋势就是大规模个性化，即客户可以不费吹灰之力，大规模地提供独特的产品和服务。

（顺便说一句，营销也一样，正在从大规模营销转变为超个性化的活动，其潜在的副作用是传统客户细分和客户角色的终结。我们在之后会看到的。）

围绕个性化产品和服务的另外一个巨大挑战是数据隐私问题。个性化可能会让人毛骨悚然（举个例子，一个经常提及的例子是，塔吉特公司预测到一个十几岁的客户怀孕了，于是便在她通知家人之前给她发送个性化信息）。因此，企业必须取得一种微妙的平衡。

它们需要建立信任，这样客户就会乐意提供数据，同时不会觉得自己像是被老大哥盯着。最好的做法之一就是对你正在收集哪些数据以及为什么收集数据的行为保持透明，同时展示其价值作为回报。作为一名客户，如果提供数据意味着我将得到更好、更个性化的服务和产品（确实有用的）作为回报，那我愿意让某家公司使用我的部分数据。

我们来讨论几个企业案例。它们做得不错，为我们提供了"正确的时间、正确的地点、刚好适合你"的娴熟经验。

个性化服务方面鼓舞人心的事例

个性化服务的两个有力例证包括谷歌的个性化搜索功能和Netflix的个性化内容推荐。两者都是由推荐引擎驱动的。

了解一下推荐引擎

推荐引擎是基于用户个人信息（年龄、性别等）、历史活动（如打分、评论和购买等）以及类似用户的行为（购买了 X 产品的人还购买过 Y 产品）来提供信息、产品和服务的系统。推荐引擎是企业向客户提供个性化产品、服务和信息的一种非常有效的方式，通常可以提供更好、更有意义的用户体验。

根据谷歌现在掌握的有关我们大多数人的数据量，它可以超越传统的网络搜索引擎（搜索结果取决于网络排名因素），具有更多推荐引擎的功能，基于它对你的了解来提供结果。这就是说，如果我和你在谷歌上搜索相同的关键词或者短语，我们会看到完全不同的结果，因为谷歌的搜索结果是基于人口统计特征、位置、兴趣和历史搜索等因素形成的。

另外一个优秀案例是 Netflix。登录 Netflix，系统会根据你之前观看过的内容（包括你是否完整观看）以及同类观众所喜欢的内容，来提供你很可能喜欢的内容。Netflix 甚至将你看的每个系列剧或者电影的缩略图做个性化处理。从理论上讲，要把最有可能吸引你注意力的一张图片展示给你。以电影《心灵捕手》（Good Will Hunting）为例。如果你看了很多喜剧，就可能会看到缩略图显示是罗宾·威廉姆斯（Robin Williams），但如果你看浪漫爱情片更多，则推送给你的缩略图就可能是马特·达蒙（Matt Damon）和明妮·德里弗（Minnie Driver）的深情对视。

但毫无疑问，推荐引擎能帮助 Netflix 为每个用户提供个性化体验。而且这么做效果明显，Netflix 观看过的内容中有 80% 都是通过推荐系统发现的。据估计，这让 Netflix 在取消订阅这一项中每年减少大约 10 亿美元的损失，就因为，没什么人想取消订阅。

我们再来看看其他几个有效运用个性化推荐和服务的成功企业案例。

字节跳动的个性化新闻和视频信息流

字节跳动（ByteDance）是 TikTok 和今日头条（Toutiao）的母公司。TikTok 是一个视频分享应用程序，深受很多年轻人喜爱。今日头条则介于搜索引擎和社交媒体平台之间，每天向数以亿计的用户提供连续的、个性化的内容流。

今日头条的特别之处在于，你不必去"点赞"来让系统了解你的偏好，人工智能只要追踪你的阅读内容（以及你花了多长时间阅读这些内容）就可以了解到你的喜好。然后它会提供更多同类内容，所以你的整个新闻信息流都是完全为你一个人量身打造的。当然，这个方法也存在问题，尤其是人们有越来越深陷于自己的"泡沫"（见第 1 章）中的危险，但它也表明任何东西，即使是新闻，都可以个性化。

具有高度针对性的脸书广告

脸书是另外一家很了解你的公司，而且因为社交网络上有那么多关于用户的个人数据，它能用广告来确定超级明确的受众。这是它卖给广告商的一种服务。例如，平台可以判断出你那天是否情绪不佳，你是不是刚结婚，甚至更诡异的，你是不是正和外国人交朋友。这家公司还研发了一种算法，可以预测出消费者在什么情况下有可能从一个产品品牌切换到另一个品牌，这对广告商来说可是赤金般珍贵的信息啊。

这一切都说得通，因为脸书有能力收集到用户的大量数据。但如果你不是这样的科技巨头，无法获取这么详细的个人信息怎么办？正如下面这些例子所示，个性化依然是可能的。

Pull&Bear：如何在没有数据的情况下实现个性化体验

服装零售商 Pull&Bear 采用了一种有趣的导航方式来实现个性化推荐。也就是说，它不是基于公司对顾客已有的了解（这个只有当你拥有顾客的个人信息时才能实现），而是基于顾客当时的所言所行。所以当一个新访客登录该公司的网站时，他首先会被问及想看男装还是女装，从此网站便继续个性化你的浏览体验了。用户的选择可以被记住，用于未来浏览，但这还不是最重要的，如果用户创建了账户并购买产品，他们的体验就会更加个性化。我喜欢这个例子是因为它证明，从第一个触点开始，你就不需为了提供个性化用户体验去获取大量用户数据。

Vivino 葡萄酒应用程序：葡萄酒界的 Netflix

"数字品酒师" Vivino，世界上最大的葡萄酒电商平台，有一个移动应用程序，更像是 Netflix 而不像葡萄酒商店。用户只需要通过应用程序拍摄葡萄酒的照片就可以查看价格、评论和品酒笔记，关键是，就他们是否会喜欢这款葡萄酒获得 Netflix 式的个性化推荐。这个推荐功能叫作"为你匹配"，只要用户在应用程序上完成对 5 款葡萄酒的评分（评分次数越多推荐越准确）就可以获得个性化推荐。基本上，根据以往购买记录和偏好，你会看到你所查看的每款葡萄酒与你的匹配百分比，而不是只有每款葡萄酒的普通 Vivino 评分。在新冠疫情大流行期间，Vivino 的葡萄酒销售量增长了 157%，而正是这一增长数据使该公司得以推出其 Netflix 式的推荐功能。

个性化保险

如今，保险可以说跨产品和服务两个领域，但在我们进一步讨论个性化产品之前，我先讲一下保险。高达 90% 的保险公司认为，整合客制化服务是保险业的下一波大规模竞争优势。但是个性化保险如何运作呢？活力健康是个优秀案例。该公司为客户提供了个性化的健康年龄指数，以及有关更健康生活方式的个性化推荐（请返回第 11 章查阅有关这一用例的内容）。另一种方法是允许人们在未来需要的时候能够轻松购买附加险。例如，只在怀孕期间增加健康险保单中的生育保险。健康保险提供商 Bind 就提供这种个性化的、按需购买的健康险计划。

顺便说一句，得益于数字孪生、物联网和人工智能等科技，医疗健康行业本身也将变得更加个性化。（请返回第 4 章查阅更多信息。）

产品中的个性化

日益个性化的不仅是服务，种类繁多的产品也可以定制，来满足你的需求。我们来看几个我最喜欢的实例。

耐克定制运动鞋

耐克的 Nike By You 功能允许球鞋迷定制某些耐克的设计。顾客首先选择一双鞋，然后可以选择独特的个性化配色甚至个性化的文本。随着 3D 打印规模扩大，提供更多的按需定制产品将成为可能，挑战传统的批量生产方法。

定制的美容和护肤产品

从应用程序和网络体验到现场咨询，美容和护肤品牌正逐渐为客户提供各种方式，根据皮肤类型、问题区域以及美容目标等情况个性化其产品。例如，思琦莹（Skin Inc）的顾客可以从其招牌产品小晶瓶（My Daily Dose）中选择三款不同的辅助精华，根据白天或晚上的皮肤需求调配在一起，制成自己专属的皮肤精华。同样，倩碧 iD 提供了三种保湿基本配方，然后结合五种针对不同肌肤问题的辅助精华，比如细纹或者肤色不均匀等。

麦克米拉珍藏系列：你的专属威士忌

瑞典威士忌制造商麦克米拉（Mackmyra）[①] 为威士忌爱好者提供了一次特别的机会，可以制作专属于他们的 30 升威士忌酒桶，并追踪它熟成直到最后装瓶。从威士忌的最终味道、颜色到酒桶的风味和成熟期都可以按需定制，甚至酒装桶的时候你都可以在场，在熟成期间随时到访查看。该公司已经有大约 1 万名拥有或者共同拥有威士忌酒桶的客户，他们正期待着品尝带有个性化风格的单一麦芽。

日益增长的个性化也为企业开辟了新的收入来源，特别是通过

---

① 麦克米拉（Mackmyra）：创建于 1999 年，瑞士威士忌第一品牌。

订阅服务创造了持续收入的机会。我们来看一下各种不同类别的公司是如何在其所在领域应用"Netflix式方法"的。

经验分享

■■■■

我们总结一下本章要点：

- 在产品和服务方面，未来的成功企业将是那些能够识别消费者的即时需求，并能够以个性化解决方案做出回应的企业。
- 要实现这一目标，可能意味着要投资那些能够预测需求的新技术、新工具，甚至可能意味着再思考，让制造过程变得更加灵活。
- 记住，个性化也可能会让人毛骨悚然，所以至关重要的一点是，要注重隐私保护。我认为，这就意味着要对你正在收集的数据做到透明化，让客户有机会在可能的时候选择退出，同时确保你能够提供真正有价值的回报。

第 13 章

订阅与服务化:
服务革命

我认为,这是本书最重要的趋势之一。在产品和服务日益知化的驱动下,各种企业现在都可以用周到的服务订阅和产品订阅来取悦客户。这一趋势是指传统企业模式,即顾客在需要时购买产品或服务的模式,转变为顾客注册后定期接受产品和服务的模式。客户受益于便捷的自动续订,并与他们所喜爱的品牌建立了更深厚的联系(见第 12 章)。同时,这项业务产生可预见的收入,因为只要你能够持续为客户提供价值,他们就会继续为此付费。企业还享受客户参与度提高后所带来的所有商业利益。

订阅与服务化企业可以定义为按照预订计划方式(如每月)销售其产品和服务,从而产生经常性收入的所有企业。苹果就是一个绝佳的例子。它从一个简单的产品生产商转变为一个订阅企业,范围包括从 iPhone、iPad 和苹果手表,再到苹果新闻、苹果电视和苹果音乐等服务。这样的情况遍布所有的市场,甚至连移动出行现在也被当作一种服务来提供(见第 8 章)。

未来,我们将一无所有。从汽车、电话、衣服、音乐、电影到住宅,甚至我们开车行驶的道路都将以"一种服务"的形式获得。无论你个人感受如何,不可否认的是,它为企业创造了很好的机会。事实上,研究结果表明,订阅企业的收入增长速度比标准普尔 500

指数所覆盖的公司要快上 5 倍。

本章中，我们将研究 4 种主要的订阅 / 服务模式：

- 流媒体 / 内容服务
- 技术即服务
- 订阅盒子
- 增加了订阅服务的产品

流媒体 / 内容服务

出于显而易见的原因，这种模式经常被称作"Netflix 模式"。Netflix 可能并没有开创流媒体或者订阅业务模式，但它们肯定把这种模式带到了大众面前。令人震惊的是，已经有高达 46% 的客户为一种在线流媒体服务付费，而很多情况下，这意味着为 Netflix 付费。

通过这种订阅模式，企业为用户提供可以通过某种渠道或平台随时随地访问的内容。这些内容并不仅仅适用于电影和电视，还包括其他内容，例如在线学习课程、在线健身或者瑜伽课程、音乐流服务，以及像 Kindle Unlimited 那样的电子图书订阅服务。能够吸引 Netflix 的客户经常回访，进一步探索的一个原因就是 Netflix 对下一个要看 / 要读 / 要听的内容的个性化推荐。这就是说，这个趋势与个性化趋势（见第 12 章）以及知化（见第 11 章）是密不可分的。

在本章开头，我提到了苹果公司成功地将自己重新定位为订阅企业。我们来详细探讨一下。

苹果一马当先，其他公司将紧随其后

几年来，苹果已经逐渐将其众多业务转向订阅服务。这并不是说苹果会停止销售 iPhone 这样的设备，只不过它们已经意识到了经常性收入的重要性。

包括苹果音乐、苹果健身、苹果支付、苹果新闻以及苹果电视在内的苹果服务部门，近年来增长迅速，2021 年第一季度创造 157.63 亿美元的收入，目前仅次于 iPhone 销售所获得的收入，位居第二。

换言之，苹果的服务带来的收入已经超过 iPad 的销售。在 2020 年，苹果宣布允许客户将最多 6 项服务捆绑为一个每月订阅服务，即 Apple One，从而使苹果订阅服务更加容易获取。据报道，苹果公司还在考虑硬件与服务相结合的方法（本章稍后将详谈这种产品加订阅的模式）。

亚马逊 Prime 的演变

Prime 最初是交年费享受免费送货服务，现在已经发展成为一种包括 Prime 视频、Prime 音乐、有声读物等类型的服务。这种经常性收入对亚马逊至关重要，因为它的零售模式不是很赚钱。而 Prime 客户一次性支付一年的费用，企业则可以获益于可预见收入以及利润率的提高，因为 Prime 客户在亚马逊花的钱比非 Prime 会员要多（确切地说，多 2 倍到 4 倍）。除此之外，客户留存率也高。因为一旦尝试过，客户便不肯放弃他们的 Prime 权益。接受 30 天免费试用的客户中，有 73% 的人转为付费 Prime 客户，91% 的人会在第二年续订 Prime 会员。哪个企业会不喜欢这样的留存率数据呢？

技术即服务

随着云计算和人工智能的进步，出现了一大批提供基于订阅的技术解决方案的提供商。

软件与云计算即服务

"即服务"现在是软件和计算提供商必选的商业模式。通过这种模式，供应商提供对软件（通过云接口）或计算基础设施（例如云存储）的获取，并以此收取月费或年费。客户完全不必去购买硬件和软件，然后在需要的时候不得不购买新版本，他们只需要为持续获取所需要的工具付费就可以了。对客户而言，这样做的好处很多：

- 它提供了简单轻松的技术解决方案，通常不需要内行专家。
- 可升级的解决方案能够随公司的需求变化灵活应变。
- 它省去了购买、安装、维护及升级软件和硬件的麻烦（供应商在它那一端会管理好这一切）。
- 应用程序在全球范围内都可访问。
- 安全性更佳：由于数据存储在云中，所以不存在单点故障。

软件即服务和计算即服务方面的重要例子包括 Salesforce[①]、亚马逊云服务（AWS）、微软 Azure、谷歌云（Google Cloud）以及阿里云（Alibaba Cloud）等。

---

① Salesforce：美国一家客户关系管理 (CRM) 软件服务提供商，创建于 1999 年 3 月，总部设在旧金山。

人工智能即服务

我刚刚提及的企业也提供人工智能即服务（AIaaS），即客户可以轻松使用人工智能工具，例如面部识别、自然语言处理、自然语言生成、高级分析等。通常这些工具可以简单地开、关，就像一个可选的额外功能，使各种状况、各种规模、各种领域的企业都能获取人工智能工具，且无须支付昂贵的费用。IBM 是 AIaaS 的主要参与者。该公司的沃森平台（Watson）提供了广泛的业务就绪工具，更重要的是，用户可以使用自然语言（无须编码专业知识）来提问。随着越来越多的企业认识到人工智能在满足客户需求方面（实际上，它构成了本书中众多趋势的基础）的关键作用，对 AIaaS 的需求将会飙升。

订阅机器人

是的，我们甚至还有机器人即服务（RaaS），公司真的可以雇用一个机器人来完成一项任务（可以是实体机器人，或者从机器人流程自动化角度来说，可以是软件机器人）。RaaS 市场正在急速发展，预计到 2026 年将有 130 万次 RaaS 安装（市值达 340 亿美元）。像亚马逊、谷歌、微软甚至本田这样的公司都将开始施行 RaaS。

但是 RaaS 实际上到底意味着什么？制造业的几个用例是比较明显的，因为在制造业，具备订阅机器人的能力可能会彻底改变生产过程。不过我们来看一个更不寻常的例子。

初创公司 Trombia Technologies 已经开发出一项名为 Trombia Free 的自动机器人清扫车服务，地方政府可以订阅，次日就可以启动起来开始清扫。你可以把它当成像 Roomba[①] 那样的家庭真空吸尘器，只不过是用来清扫城市街道的！该公司表示，其

---

① Roomba：美国机器人公司 iRobot 于 2002 年发布的吸尘机器人。

街道清扫车的设计初衷是可以在各种天气状况下自动操作，将为清扫铺砌区域提供更经济、更简易也更快捷的备选方案。还有最棒的一点是，这款机器人的可持续性更强，只消耗相比传统重型吸扫技术不到 15% 的电量。我喜欢 Trombia 这个例子，因为它把这本书中很多方面汇集到了一起，比如自动驾驶技术、服务化和可持续性。

在机器人流程自动化情况下，可能根本没有实体机器人，就只是软件"机器人"而已，通常通过云解决方案获取，用于自动完成那些规则的、结构式的和重复的过程。例如，一家大型的消费者商业银行，用了 85 个软件机器人运行 13 个流程，每年处理 150 万个请求。银行因此增加了相当于 230 个全职员工的处理能力，而成本仅为增加员工成本的 30% 左右。

订阅盒子

到目前为止我们讨论的大都是服务订阅。那么产品呢？随着订阅盒子业务模式的出现，几乎任何类型的产品，无论多么小众，都能以订阅的形式提供。这样的话，产品会定期直接寄送到客户家门口（因为装在盒子里而得名）。通常服务中会包含某种个性化定制元素，盒子里的内容可以根据客户的偏好、兴趣、以前喜欢的产品等进行个性化处理。而客户可以预先自行选择，也可以让商家为他们选择（也就是惊喜盒或者神秘盒）。

我们来看看有关订阅盒子方面我最喜欢的几个实例。

Hunt a Killer 神秘盒订阅

谋杀之谜游戏将智力测验变得更有沉浸感也更特别。每个盒子里都有设计精美的线索和信息，可以帮助家居大侦探们破解最新的谋杀谜案。

Flex：女性卫生用品订阅

Flex 的客户不是在商店里购买女性卫生用品，而是每两个月会收到一盒送货上门的个性化女性卫生用品，盒子里面的用品是根据客户的月经周期、月经量以及生活方式个性化提供的，会员还可以通过打电话、聊天或者发短信获得专家建议。

Blacksocks：忙碌商务人士的订阅袜子

订阅袜子？听起来有点傻，但如果你像我这么费袜子，而且觉得买袜子是件无聊至极的事，那你就能理解了。用黑袜子（Blacksocks）吧，能根据你的意愿每年三四次把袜子送到你家门口。这项服务最初针对商人，现在已经将范围拓展到包括内衣、T恤和衬衫。如果这个例子还不能充分显示任何产品都能订阅，我就不知道还有什么可以说的了。

Stitch Fix[①]：智能时尚

Stitch Fix 的例子很好地展示出如何将订阅模式与人工智能相结合，并创建一种智能订阅服务。顾客在问卷中详细描述他们的穿着尺码、风格偏好、生活方式等（也可以链接到他们的 Pinterest 账户）。然后通过人工智能，系统预选适合顾客的衣服，再之后，一个（人类）个人造型师从预选单中挑选出最佳选项。这就行了！每个月都会有最适合你的服装送到你面前。如果你不喜欢或者不需要某件商品，退货就行，系统会更加了解未来你想要什么、不想要什么。

---

① Stitch Fix：美国智能零售商，成立于 2011 年，2017 年公开上市，主要提供时装订阅服务。

Birchbox 美妆盒子

Birchbox 是一项领先的美妆盒子订阅服务。每个月只需 15 美元，Birchbox 就会把最新款的美容产品寄给你。顾客在线回答问题，然后会收到根据自己的需求和美容目标量身定制的盒子。

Craft Gin Club: 每个月直接送到家门口的杜松子酒

作为英国最大的杜松子酒爱好者订阅俱乐部，Craft Gin Club 每个月为客户挑选最佳的小批量杜松子酒（根据客户意愿，也可以两三个月一次）。每个盒子里包含一瓶标准尺寸的手工杜松子酒，加上精选的调酒液、零食，还附带一本杂志。

Dollar Shave Club ：订阅更便宜的男性理容产品

Dollar Shave Club 成立于 2011 年，目前已经从剃须刀片扩展到其他理容产品，如剃须膏和止汗剂，基本上男士个人理容所需的任何产品都可以被方便地送到顾客家里。当顾客从该公司购买第一款产品时就自动成为俱乐部的会员，该公司用免运费和低廉的价格激励顾客保留会员资格。

增加了订阅服务的产品

现在越来越多的情况是，当你出资购买一件产品时，还可以使用其他的订阅服务。我在第 11 章中提到过的亚马逊 Ring 家庭安全摄像头就是一个绝佳的例证。有了 Ring Protect 的付费计划，你可以存储 Ring 摄像头拍摄的影像，而且可以全天候访问。但如果没有付费计划，系统就不会存储任何记录的影像，只会在检测到活动物体时通知客户，让客户实时查看镜头。

我们来快速探讨一下具有附加项目的产品订阅的实例。

谷歌 Nest Aware：一次订阅即可安享所有 Nest 家庭安全设备服务

如果你更喜欢谷歌而不是亚马逊，那么 Nest Aware 的付费订阅服务应该是你的理想之选。谷歌以前要求客户为每台设备（即每个摄像头、扬声器或者显示器）的新增服务付费，而现在则是简单地用一种订阅覆盖所有设备服务。订阅中包括 30~60 天摄像头探测到活动物体的视频存储，以及全天候的视频录制作为可选的额外服务。

Peloton：健身器材及订阅

你大概看到过相关的广告。因为有每月订阅服务，购买一台 Peloton 网络室内自行车或跑步机，即可获取虚拟小组健身课程，可以在自行车或者跑步机的内置触摸显示屏上观看。Peloton 的产品并不便宜，但是该公司能够做到 2021 年的季度销售额超过 10 亿美元，增长 128%，很大程度上是因为其增值的独家体育健身内容。这些内容以每月 49 美元的价格面向 All Access 会员，与健身房会员价格相比还是非常有优势的。其他健身品牌也正在陆续加入这一行列，包括 ProForm，它销售的类似的自行车价格还不到 Peloton 的一半。

我可以预见到，未来会有各种各样的产品提供"即服务"的选择。与我合作的一家大型建筑公司甚至正在探索一种"道路即服务"的理念。如此一来，建筑公司就不再是签订普通的建筑合同，得到修路的报酬，然后就结束了。反而是，建筑公司会拥有或者共同拥有它们所修建的道路，以订阅的方式为政府或地方政府继续维护这些道路。这个想法可真是让人脑洞大开，但显然它们是感受到了这个趋势的重要意义，并正在相应地反思它们的企业发展。

订阅商业模式有一个有趣的副作用：中间商可以完全从这个等式中去除。例如 Blacksocks 可以绕过零售商和批发商，与客户建立直接联系。这就引出我们对另外一个重要商业趋势的探索。

经验分享

■■■■

无论你的企业是一家产品型企业还是服务型企业，订阅的趋势都与你的企业绝对相关。有关这一趋势的以下几点都要谨记于心：

- 实际上，任何企业都可以转型采用订阅模式，而且随着对更智能、更个性化产品和服务的需求不断上升，客户将越来越转向订阅服务来满足他们的日常需求。
- 如果你考虑在你的企业中应用这一趋势，那就从思考你的目标开始。例如，你想增加收入、接触更多客户、提高客户留存率吗？你的目标将影响定价结构和你提供的订阅服务的具体内容。
- 如果想获取并留住客户，优质的客户体验就至关重要。问问自己，如何为客户提供真正的增值服务，如何做到如果客户退出订阅他们便将无法忍受？想想亚马逊 Prime 令人印象深刻的客户留存率吧。
- 你绝对需要一个可靠的、稳定的、简单的订阅计费系统。如果太复杂，客户就会把目光投向别处。

第 14 章

减少中间商：
品牌如何直面消费者

目前这一趋势已经持续了一段时间，所有行业都有品牌通过在线渠道（见第 10 章渠道数字化）找到了直接联系客户的新路径。我相信所有的企业都必须思考，如何创建新方法与客户直接联系。而对银行及零售商等中间机构来说，这个趋势显然是一个巨大挑战。这些在过去相当强大的中间商们，现在正逐渐被排挤出圈。这意味着各种中间机构必须评估一下这一趋势对其业务的潜在影响了。

深入研究直面消费者（DTC）的趋势

直面消费者（DTC）也被称为"去中介化"，这个趋势本质上意味着绕过供应链中的传统中介机构，如零售商、批发商、分销商和广告商等，直接与终端消费者建立联系。DTC 渠道不是什么新鲜事物，想想看，农民一边在农贸集市上出售自己的货物，一边也与零售商合作。现在的不同之处在于，一些新企业完全跳过了中间商环节，其中最好的例子是 Dollar Shave Club（见第 13 章）。而除了不断涌现的新企业直接出售产品给客户，像欧莱雅和迪士尼这样的知名品牌也欣然接受 DTC 趋势。

为什么这个趋势如此强劲？一个词：在线。如今，客户都涌到线上购买商品，从日杂到家居用品，从服装到药品，再到机票和度假相关消费。这意味着对传统意义上促成了客户购物之旅的中间零售商和其他企业来说，它们比任何时候都更容易被淘汰。

当然，DTC 为企业带来了挑战。例如：

- 它可能会增加企业成本，例如营销和分销（公平地讲，同时也会降低其他方面的成本）。
- 它要求一个强大而真实的品牌，通常给人某种可持续性的感觉（见第 17、18 和 22 章）。宣传你的品牌的使命、价值和可持续性对建立持久的客户关系非常重要。
- 它要求你具有数字优先的思维模式以及强大的在线业务能力，通常包括一个应用程序。更重要的是，数字客户体验必须是完美顺畅的（见第 10 章）。
- 除此之外，这一策略有时候会疏离长期以来与中间商渠道之间建立的关系。企业必须寻求一种平衡，既要投资 DTC 渠道，又要依旧保持现有的合作伙伴关系。

但反过来，DTC 也带来了一些商业优势，其中包括：

- 无须与第三方交涉。对初创公司来说这一点尤其具有吸引力，因为与大型零售商一道进入这一领域是它们入行的一个巨大障碍。
- 对自己的品牌形象和客户体验有着完全的掌控（不同于通过零售商销售的品牌，企业无法控制自己的产品以何种方式呈现及出售）。
- 某些领域的成本会降低，使你可以更加大胆地定价。
- 由于没有中间商从中抽成，你的利润会更高。

- 因为采取直销方式，你可以收集有价值的客户数据，更好地了解客户。这些信息可以用于追加销售更多的产品和服务，改善产品和服务，并创建个性化解决方案（见第 12 章）。

DTC 对客户也是有益的。如我们在第 12 章中所见，客户日益寻求与品牌建立更加私人的联系，而直接从品牌购买有助于促进这种联系。同时，这种从品牌直接购买的方式还减少了从中间零售商那里购买时所面临的大量令人迷惑的选择（可能要从成百上千种产品中进行选择），创造出更加稳定流畅的客户体验。因此，美国有 81% 的消费者表示他们打算在 2023 年之前购买 DTC 品牌，也就不足为奇了。

DTC 产品在行动

来看几个我最喜欢的品牌构建强大 DTC 渠道的实例。

特斯拉：“亚马逊式”买车

2020 年，35 岁以下的人群中有 45% 表示他们正在考虑购买汽车，而这些年轻的群体显然助长了数字购车体验的需求，46% 的消费者说他们宁愿在网上搜索和购买汽车也不愿意找经销商购买。我们已习惯了什么东西都在网上购买，为什么不能扩展到汽车上呢？对汽车制造商来说，这就为 DTC 销售提供了一个诱人的机会。

美国的很多州都限制汽车制造商向消费者出售汽车的能力，但特斯拉似乎是一家成功避开了这些规则的制造商。现在你可以轻轻松松地直接网购特斯拉（你甚至可以用比特币支付）。在美国乃至全世界，越来越多的制造商纷纷效仿。事实上，我正在与一家在展厅卖车的大型汽车零售集团合作，它已经在思考这一趋势给其业务带来的威胁。

Warby Parker 和 DTC 眼镜

一直以来，购买眼镜的体验都不算好。你去实体店，要花上很长时间试戴各种不同的眼镜架，还有个店员跟在身边。Warby Parker[1] 省去了这份麻烦，顾客在家就可以试戴眼镜和太阳镜。他们先选几副试戴，然后把不想要的退回来。这么做本身就很具有突破性了，但 Warby Parkers 将它的 DTC 销售进一步升级，引入了使用 iPhone X 虚拟试戴的解决方案。Warby Parker 的增强现实应用程序使用的是苹果的面部识别功能，扫描面部后推荐最适合你的镜架，然后数字化地叠加到你的面部图像上，这样你就可以看到自己现实中戴上眼镜的样子。

BarkBox：狗粮订阅

我喜欢这个例子，因为它把 DTC 趋势和第 13 章的服务化趋势结合在了一起。BarkBox 面向的是城市中狗的主人，以订阅服务的形式，用预先包装好的每月主题盒子提供狗玩具、零食和其他好东西。关键是，BarkBox 已经创建了一个在线倡导品牌的客户社群。本文成稿之时，在 Instagram 的 #dogsofBark 账号下已经有超过70 万个帖子，而该品牌也将其 10% 的收益捐赠给了动物收容所。实际上，许多 DTC 品牌都在树立一种具有强烈道德感、慈善的和 / 或可持续的形象，这样有助于吸引和留住忠诚的客户群体。

DTC 床垫

随着越来越多的床垫品牌采用了 DTC 渠道，床垫商店可能会

---

① Warby Parker：成立于 2010 年，总部在美国纽约，专注于眼镜的设计和直销。

成为过去式了。2019 年，有 45% 的床垫是通过网上出售或购买的，其中 12% 来自 DTC 品牌，而这一数字未来只会增加。床垫品牌 Casper 就是一个很好的例子。它摒弃了绝大多数的床垫选择（软床垫、硬床垫、半软床垫、凝胶床垫、泡沫床垫、混合床垫），推出了一款据说完美适合所有人的床垫。该品牌与凯莉·詹娜 (Kylie Jenner) 等网红合作，推广品牌，促进销售。

另外一个 DTC 床垫品牌是 My Green Mattress，由其创始人蒂姆·马斯特斯（Tim Masters）发明。他当时费尽心力想为饱受过敏症困扰的女儿买一张纯天然的生态床垫。如今，My Green Mattress 以有机棉花、羊毛和乳胶为原料，手工制作获得认证的有机床垫，这意味着它们不含有床垫中经常发现的化学物质。同时，My Green Mattress 以一种对环境和社会负责任的方式进行生产。这一做法与另外一个重要的商业趋势密切相关：理性消费（见第 17 章）。

迪士尼也实施 DTC

迪士尼是一个知名品牌大力投入 DTC 战略的优秀案例。迪士尼没有倚赖流媒体服务和影院来发布其内容，而是建立了自己的内容发布平台 Disney+。2020 年，该公司宣布将围绕 Disney+ 重组其媒体和娱乐部门，从根本上让 DTC 流成为迪士尼首要的娱乐服务重点。

肌肉鲨鱼和耐克：DTC 运动服装

健身服饰品牌肌肉鲨鱼（Gymshark）是英国发展最快的企业之一，在不到 10 年的时间里从开在车库外的一个单人单台缝纫机的小作坊发展到现在价值 1 亿英镑的企业。对 Gymshark 来说，DTC 销售让该品牌打破了传统的进入壁垒，降低了失败成本，创新速度更快（避免了传统品牌经常面临的"分析瘫痪"）。这证明 DTC 可以成为新企业开发的强大路径。

那传统品牌的情况怎么样？耐克表示，传统品牌是可以转向 DTC 模式的。这个鞋类和健身品牌在过去几年内通过电子商务相关举措、移动体验和定制产品，已经明显增加了数字产品的产出（见第 12 章）。新冠疫情大流行越发加速了耐克的电子商务发展，以至于 2020 年 DTC 的销售额占到了耐克收入的 33%，而 10 年前仅占 13%。换言之，DTC 模式在耐克的成功不是一蹴而就，而是一个稳定持续的推进过程，但显然是卓有成效的。有趣的是，该品牌还一直在投资它自家规模不大、作为提货中心的社区零售店 Nike Live，以及大型旗舰零售店创新之家（House of Innovation）。

欧莱雅 DTC 美容产品

欧莱雅的技术孵化器实验室在创建 DTC 方面发挥了核心作用。该孵化器创办于 2012 年，负责创新，例如一款可以让客户虚拟试用眼影的应用程序，以及智能设备 Perso 可以让客户在家里定制自己的护肤品、粉底和口红（并通过附带的应用程序虚拟试用新配方）。关键是，这样的创新能够让该公司与客户建立直接的联系，并通过超 13 亿个数据点收集有价值的数据。换言之，欧莱雅正在从店铺零售商那里收回对客户数据的控制权，同时创造经常性收入。预计到 2023 年，该公司 50% 的销售额将来自电子商务渠道。

区块链对中间服务提供商的威胁

需要重点关注的是，我们在这里讨论的不仅仅是 DTC 产品。像银行这样的中间服务提供商也会受到这一趋势的威胁。想一下，两个朋友之间分别通过各自的银行转账，那么在这个简单的交易中就有两个中间商。但有了转账应用程序（见第 9 章），这个用户旅程就大大简化了。

区块链是一项尤其会给许多传统中间商业务带来威胁的技术，不仅是银行，还有律师、房地产、保险经纪人等。因为区块链促进了点对点（P2P）交易，它甚至可能会威胁到一些新兴的刚刚引入中间商的平台型企业，比如优步（Uber）、爱彼迎（Airbnb）和 Spotify[①]。（更多有关平台型企业的内容请参见第 15 章。）

我在第 2 章中讨论了很多有关区块链技术的内容，就不在这里赘述了。但可以这么说，区块链在许多行业都越来越具有吸引力，并渐渐开始重塑供应链结构，这意味着它与 DTC 趋势的完美契合。大多数区块链技术的一个重要特点是其去中心化的性质，意思是没有一个单独的实体拥有区块链上的记录（不管是交易记录、智能合同，或者是其他什么），并且所有相关方都可以随时获取它们需要的信息。这样就减少了对中间商在各方之间促成交易和传递信息（或货物）的需求。降低各种交易中的交易成本，减少低效率情况，并消除人为错误。

区块链的威胁是真实的，所以很多成熟的中间商行业正在把区块链作为改善其服务，并为客户提供更大价值的一种途径。我们先快速看几个例子：

- 基于区块链的海洋船舶保险平台 Insurwave 是 ACORD[②]、A.P. 穆勒 – 马士基集团[③] 以及微软这样的公司之间合作的结果。该平台预计

① Spotify：正版流媒体音乐服务平台，2008 年 10 月在瑞典首都斯德哥尔摩正式上线。无官方中文名字，民间中译名有"声田"和"声破天"。
② ACORD：成立于 1970 年，向保险行业提供标准和规范的非营利性协会。
③ A.P. 穆勒 – 马士基集团（A.P. Moller-Maersk Group）：创立于 1904 年，总部设于丹麦首都哥本哈根，是在航运、石油、物流等方面都具有雄厚实力的世界性大公司。

在投入运营的前 12 个月执行超过 50 万个自动交易，同时也为保险公司和保险人提供实时信息，如船只位置和安全隐患等。例如，如果船舶进入高风险区域，系统检测到后就会将其纳入保险计算。

- 像西联汇款（Western Union）和桑坦德（Santander）这样的金融机构已经与区块链供应商 Ripple[①] 合作，以改进跨境支付。Ripple 的 xCurrent[②] 区块链产品为银行提供了一个双向通信协议以完成实时信息的交互和结算。
- 总部位于俄罗斯的 S7 航空公司（S7 Airlines）[③] 使用基于区块链的智能合同来发行和出售机票。这样不仅提高了安全性和便捷性，也将航空公司 / 代理公司的结算时间从 14 天减少到 23 秒！

区块链之所以如此强大是因为它有效地将物料信息和商品转化为数字代币。当你这样想的时候，几乎万物都能用区块链进行交易或得到促进。只要看看非同质化代币的趋势就知道了。它可以用来交易任何东西，从照片到收藏品，再到非常昂贵的艺术品（见第 10 章，机器人索菲娅）。除此之外，它还可能会永远改变音乐产业，清除像 Spotify 这样的中间机构，允许艺术家直接与其拥趸进行交易。以基于区块链的平台 Opus[④] 为例，通过智能合同，艺术家可以在用户购买或播放他们音乐作品的同时就直接获得报酬（或者从免费增值用户那里获得一部分广告收入），艺术家的版税也因此而有所增加。

---

① Ripple：一家在分布式账本数据库（XRP ledger）之上建立支付和交易网络（RippleNet）的私人控股企业，其前身为 OpenCoin。
② xCurrent：一种为 RippleNet 用户的跨境支付提供即时结算和追踪的解决方案。
③ S7 航空公司（S7 Airlines）：西伯利亚航空公司。
④ Opus：一个有损声音编码的格式。Opus 格式是一个开放格式，使用上没有任何专利或限制。

矛与盾之再中介

如果去中介（如DTC）是问题的一个方面，那再中介，或者说是在供应链中引入一种新型中介就是问题的另外一个方面。（还记得我在第1章说过这本书中的很多趋势会有相关矛盾吗？这就是其中典型的一例。）

随着DTC渠道的增长，我们也看到有新中间机构正在进入市场，以促成供应商和客户之间的交易和互动。以Deliveroo[①]和DoorDash[②]为例。这些在线食品配送公司与餐馆联手，为其处理整个外卖流程。顾客通过Deliveroo或者DoorDash的应用程序点餐，骑手从餐馆取餐，然后配送到客户家门口。这可真是太好了，因为可以让更多的餐馆在没有送餐的基础设施或者资金的情况下也能提供配送服务。他们也没有必要雇用骑手或者在配送交通工具方面进行投入，配送公司会负责这些。这样，与中间机构合作就比试着单独做要更有效，也更划算。

有时候，这种再中介化可以与去中介化相配合。例如，《卫报》（The Guardian）多年来一直通过其应用程序，用订阅收入和捐款建设自己的DTC渠道。它也与新闻聚合器——苹果新闻（Apple News）合作发布内容，可见这种混合方法也是有效的。

去中介化和再中介化之间的动态很有趣，而且刚好把我们引入了下一章——平台企业作为一种新型中间商的成长。

---

① Deliveroo：一家英国外卖平台。
② DoorDash：创立于2013年，总部位于美国加州旧金山，是一家美国的外卖配送平台。

经验分享

■■■■

无论你的企业是产品型企业还是服务型企业，供应商还是中间商，这个趋势都会以某种方式影响你的业务。本章有如下一些实用的经验：

- 中介公司必须要问问自己："我们在为客户提供什么价值？我们所做的是否足以让他们支持我们？他们未来会彻底放弃我们吗？"
- 要建立一个成功的 DTC 战略，你需要数字渠道、一种完美的客户体验以及一个强势品牌。
- 许多成功的 DTC 品牌都注重它们的生态、道德或者慈善活动，这可以是培养客户忠诚度的一个方法。
- 记住，DTC 为你提供了宝贵的客户数据，而这些数据可以帮助你在未来建设一个更加强大的企业。
- 最后，去中介化（如DTC）的另一面是再中介化（引入新的中间商平台）。对你的企业来说，正确的方法应该是一种平衡的、DTC 渠道和能为企业增值的中间商渠道混合的方法。

第 15 章

从"商对客"到"多对多"：
平台的崛起、共享经济和众包

C2C 经济意指顾客与其他顾客之间建立联系，交流或者交易商品和服务。C2C 催生了数量庞大的平台业务，如优步、脸书以及 Etsy[①]。毕竟在推进这些互动和交易过程中是有价值产生的，而且那些能够为客户创造安全又简易沟通方式的平台已经有了巨幅增长。这是我在上一章中谈及的再中介化趋势的一部分，我们谈到新企业不断涌现，巩固了相关各方的联系。而众包，即通过互联网从大批参与者那里获取想法、技能和服务的做法，也属于这一趋势中的一部分，因为众包是以平台为基础的。

即便你的业务不属于平台型业务，这个趋势也值得关注。你也许会有机会转型为平台模式，或者引进一项围绕增值平台创建的新业务，又或许想利用众包来获得想法、工作或者人才。读到后面，你会了解到其他企业是如何利用这个神奇的趋势的。

平台型商业模式

看看世界上最有价值的公司名单，我敢说它们当中的大部分都

---

① Etsy：全球大型的创意市场电商平台，以手工艺成品买卖为主要特色。

是平台型企业。（例如，在撰写本章时，世界上最有价值的 10 家公司中有 6 家是平台型企业：苹果、字母控股、亚马逊、脸书、腾讯和阿里巴巴。）

什么是平台型业务？

平台型商业模式以促进用户之间的交流为中心（通常是消费者和提供商，不过我会用"用户"这个词指代所有群体）。平台型业务通常不像传统业务那样会创造或者拥有库存；相反，其资产就是平台本身（包括专有软件、用户数据等）。

平台通过创建其他用户可以进入的大型用户网络来实现增值。无论是手工艺人期望吸引大批的顾客（Etsy），自由职业者寻找稳定的工作（Fiverr[①]），司机希望找到需要搭载的乘客（Uber），企业想要将其广告定位到特定的客户群体（谷歌），或者只是有人想与朋友和志同道合的人建立联系（脸书）。平台，换言之，创建起用户可以按需访问的社区和市场。

（值得关注的是，像 Netflix 这样的公司，尽管通常被称为"流媒体平台"，其运作模式却并非平台型商务模式，因为它并不促成连接。它会创建内容或者授权内容传播，使其成为一个具有相当传统供应链的传统线性业务模式。所以，并不是所有的数字优先企业都是平台型企业。）

除了创建大型网络，或许通过推荐引擎，平台还将相关用户匹配在一起来创造价值。同时，平台确保为交易和互动提供一个简单且安全的空间。例如，通过提供支付机制为用户设置社区规则和标准，监控具有攻击性的内容。

---

① Fiverr：成立于 2011 年，是一家任务众包平台，人们在平台上可以购买和出售几乎任何类型的数字化零工服务。

平台型商业并非新生事物。购物中心实际上就是老式的平台型商业，因为它联结了零售商和消费者，并营造出令人愉悦的购物环境。新一波强大的平台型企业，其不同之处在于通过在线方式促成互动和交易，更重要的是，这意味着大规模交易的可能性。

平台型企业的实例

你肯定已经听说过那些公认的平台型企业，比如脸书、谷歌、eBay、推特、亚马逊，等等。我们且稍做停留，去探访几个你或许没听说过的平台型企业。

◆ Winngie：国外兑换货币的新方式

转账和外币兑换平台 Winngie 让旅行者能够在附近找到真人完成货币兑换，不必通过银行，也不必付佣金（有关内容参见我们在第 14 章中探讨的去除中间商那个趋势）。该平台以外国学生、国外旅居者、商务人士以及其他国际游客为目标客户，同时也提供服务，让用户可以将钱转账给他们在国内的家人和朋友。

◆ Instacart：将顾客、杂货店和工人联系在一起

Instacart 在渠道数字化趋势影响下创立于 2012 年（见第 10 章），顾客期望所有物品都可以网购，包括日杂。通过 Instacart 应用程序，顾客选择心仪的杂货店以及想购买的商品，Instacart 的员工就会替你购买，然后在一个小时内递送到你的家门口。Instacart 使全美国的顾客都能从网上购买到包括大型超市连锁店在内，各种各样不同于本地商店的日杂，而且还能同时从多家商店订购。该平台让那些规模比较小的杂货店也能提供配送服务，又不需要自己投资电子商务平台和配送设备。有趣的是，Instacart 还开发了自己的白标产品，叫作"Instacart 驱动"，购物者不通过 Instacart 网站，

而是直接从零售商的网站上订购日杂，充分利用 Instacart 的技术让杂货店与顾客之间更容易建立起直接的联系。

Instacart 自己则通过收取配送费、服务费、会员费盈利。会员可享受 Instacart 快递服务（提供一小时内无限免费送货），以及某些零售商产品的特殊价格。采购员则按小时挣工资，通常还会有小费。

◆ GitHub：软件工程师的平台

GitHub 于 2018 年被微软以 75 亿美元的价格收购，它本质上是一个面向所有软件的协作平台，软件开发者和其他协作者可以在一个平台上管理他们的项目。用户可以存储和编辑他们的编码项目，与其他开发人员协作，并跟踪对项目所做的更改。用户还可以根据需要从 GitHub 市场（类似于应用商店）购买第三方工具，并通过培训资源和活动及时了解最佳方案。该公司通过个人和团队的付费订阅，用户在 GitHub 市场购买第三方应用程序获得盈利。

GitHub 拥有超过 5000 万用户，全球 290 万个组织采用这个平台来管理它们的工作流。该平台使用非常简便，甚至吸引了那些寻求项目合作以及追踪版本控制的非技术人员，比如撰写书籍的作者。

共享经济将持续存在

优步和爱彼迎等平台型企业的成功表明，共享经济，即人们可以获得短期租赁的商品和服务，正在蓬勃发展，而乐于发展共享经济的不仅限于西方经济体。例如在印度，共享经济有望在 2020 年发展成为一个价值 20 亿美元的产业。如今从汽车到房屋，再到自行车或者小型摩托车，人们可以短时间租赁任何东西，而且有很多平台型企业可以为这些交易提供便利。我们来看看其中的两个。

Justpark： 为驾车者找到停车位

Justpark 于 2006 年在伦敦成立，将有空余车道或者车位的人与需要停车的人联系起来，以此改变了停车方式。这款应用程序在英国非常受欢迎，目前帮助超过 350 万驾车者成功在全国超过 4.5 万个地方泊车。

Zipcar： 从拥有汽车转向共享汽车

有了 Zipcar 这样的平台，居住在大城市或者大学校园的人拥有汽车的需求日益降低。的确，如果需要用车，借一辆就行。公共交通非常好，但毕竟有时候你还是需要一辆车，也许要取些重东西，或者打算一日游。偶尔短时间租车比买车要便宜得多，而且有利于环境保护（相关理性消费的趋势，参见第 17 章）。

Zipcar 出现于 2000 年，但近年来随着共享经济的加速才真正得到迅猛发展。如今，Zipcar 为全球 100 多万个会员在约 500 个城镇提供了超过 1.2 万辆交通工具。会员可以根据需要提取汽车（或者货车），收费每小时 7 美元起（根据位置不同而变化），只需点击汽车挡风玻璃上阅读器里应用程序的数字键，就可以轻松获取。

我想讨论这个案例的原因是，Zipcar 隶属于汽车租赁公司安飞士·巴吉集团（Avis Budget Group），这说明现有的企业可以成功将平台型业务添加到它们的收入来源中。

平台与区块链

如果平台促进交易，区块链也促进交易，你可能会问两者之间有什么区别。简单说，平台型企业从本质上说就是大型中间商企业。很多人说，爱彼迎因为清除旅行社等中间商而扰乱了旅游业，但实际上平台只是一种新的、更强大的中间商，比如爱彼迎，来取代了之前的中间商。另外，区块链允许个人在没有中间商参与的情况下进行连接（例如，交易比特币）。

换句话说，平台是一种商业模式，但区块链是技术。这是它们之间的一个重要区别。

尽管如此，区块链技术与平台经济是高度相关的，因为它对平台型商业模式构成了存在性的威胁。如果个人可以通过区块链直接进行交易，那么使用平台又有什么意义呢？如我们在第 14 章中所见，这就是为什么有些中间商企业开始将区块链技术纳入运营，为客户带来更大的增值并吸引客户回头追求更多的价值。所以说，我们在本章中所讨论的大型平台型企业也可以受益于区块链技术，这是有道理的。

私有的、受监管的区块链可以为平台型企业提供一种利用区块链技术的方法，同时让平台型企业作为中间商实现增值。区块链起源于去中心化的、分布式技术，没有哪个人或者实体负责监督交易和互动。但是有了私有区块链（例如银行中使用的区块链），组织（在这种情况下指的是平台型企业）可以运用自己的规则来管理交易，遵循平台的使用条款，从而继续建立用户信任，为用户增加价值。

老实说，我希望区块链技术既能威胁又能加强平台经济，这取决于平台企业对区块链潜力的接受程度。有意思的是，我们也看到了全新的、基于区块链的平台型企业的出现，例如：

- Arcade City：一款叫车应用程序，通过区块链系统完成交易。司机可以自主决定费率，建立自己的常客群，区块链则记录其互动与交易。
- Winding Tree：一家基于区块链的旅游交易平台，将酒店、航空公司和旅行社与游客联结起来。这项服务降低了消费者的旅行成本，以及酒店和航空公司必须向传统的第三方中间商支付的费用。汉莎航空、法航和加拿大航空公司都是使用 Winding Tree 的供应商。

- WAX Marketplace：一个区块链交易平台，游戏玩家可以购买、出售虚拟装备，如游戏皮肤和武器，以及非同质化通证（NFT）。

走向大众

众包是基于平台型商务模式的，所以我不能只谈平台而不提大众的力量。从广义上说，众包可以用来寻求三种事物：想法、技能和服务，它可以有效激发创新并获取人才，又不用投资全职雇员。（有关搜寻人才的更多内容，参见第 20 章。）因此众包可以帮助企业加速创意流程、增加其选择范围以及节省开支。

具体流程是怎样的？简而言之，一般是通过第三方众包平台或者你自己的平台，向"大众"（可能是消费者、企业家、专家、初创公司、狂热的业余爱好者等）提出一个问题、任务或者挑战。

我们来看几个采用了众包的例子，它们很振奋人心。

众包产品创意

众包汉堡？如果这还不能表明万物皆可众包的话，那我不知道还有什么可以。麦当劳过去曾经通过众包来征询新的汉堡创意（获胜者的汉堡创意在店里发布），并鼓励人们自创麦当劳活动，这样麦当劳不花一分钱就能获得免费的宣传和营销内容。

除此之外，乐高曾利用自己的乐高创意众筹平台创建了一个接近 100 万成员的社群，来促生新的产品创意。任何用户都可以提交一个新的乐高设计，其他用户可以投票支持，以此来测试需求。乐高会复审那些获得超过 1 万票的产品创意，而最终进入生产环节的设计，其创意者将获得销售版税。（其中一个获胜的创意是披头士的黄色潜水艇乐高套装。）这个办法很妙，不仅乐高免费得到了新的产品创意，提交创意的用户也可以自己来推广他们的理念，还给了乐高一个轻而易举的品牌提升。

众包技能与服务

有什么需要设计吗？ 99Designs 众包平台覆盖了包括标识、应用程序、腰封条、包装、葡萄酒标签等在内超过 90 多种设计类别，一定可以帮你找到合适的设计师。企业和个人可以联系到世界各地的设计师，甚至可以得到设计专家的建议。只需要提交一个简单的设计简述（只需要几分钟），然后你就可以选择一个相关设计师，或者启动一场面向整个设计社区的竞标（在这种情况下，多位设计师会提交他们的创意供你从中选出你最心仪的那款）。最后你来支付，这款设计的所有权 / 版权归你所有。

其他基于技能的人类群体平台方面的绝妙案例包括：

- uTest[①]：你可以为网站、游戏、应用程序和服务提供众包在线可用性测试。
- **亚马逊的 Mechanical Turk**：在自由职业者与"人类智能任务"（Human Intelligence Tasks）之间建立联系，如数据输入、数据清洗以及内容创建。

现在，我们结束对具体商业模式的讨论，来探究一个适用于所有企业的趋势：沉浸式体验。

---

① uTest：以色列一家提供众包测试方案的初创公司。

经验分享

....

不管你的企业是不是平台型企业，都可借鉴本章中的一些要点：

- 平台型商业模式的利润丰厚且功能强大，世界上很多最有价值的企业都是平台型企业。

- 请记住，平台型企业本质上是大的中间商，这就意味着它们可能会受到去中介化趋势的影响（见第 14 章），尤其是区块链技术有可能帮助消费者消除中间商。因此，我们可能会看到，现有的平台型企业利用区块链技术提供更大的价值，同时完全依赖区块链技术的新平台型企业开始涌现。

- 平台也是共享经济和众包的基础。有了优步和爱彼迎这样的共享平台，用户可以短期、按需获得他们需要的商品和服务。通过众包平台，企业可以按需获得新创意、技能和服务。

- 即便你的企业是一个传统的线性企业，也要考虑一下平台业务趋势可能会给你的企业所带来的改进，抑或潜在的威胁。

第 16 章

深度沉浸式体验：
品牌如何用难忘的体验惊艳客户

由于虚拟现实（VR）和增强现实（AR）等扩展现实（XR）的存在，品牌现在可以用颇具吸引力的沉浸式体验来打动客户。（实际上，我写过一本书叫作《实践中的扩展现实》，讲的是 XR 在各行各业中的使用。）

但这个趋势不仅是关于虚拟体验——远非如此。如今的消费者越来越看重体验而不是物质商品，尤其是千禧一代，他们中有75%的人说自己更在意体验而非事物。这意味着，想要紧跟发展趋势不落伍的品牌必须让客户旅程（无论在线还是离线）成为贴心周到又难忘的体验。

引入体验经济

这一势不可当转向体验的趋势被称为体验经济。这个词最早由约瑟夫·派恩（Joseph Pine）和詹姆斯·吉尔摩（James Gilmore）于 1998 年在《哈佛商业评论》中首次使用。他们用孩子的生日蛋糕作为经济进步的例子。最初的时候父母买回原材料，从零开始做生日蛋糕；后来出现了方便的、预先配好的蛋糕粉，就像贝蒂妙厨（Betty Crocker）的产品一样；随后服务经济出现，忙碌的父母会从当地的商店或者面包房订购蛋糕（价格是自制蛋糕或盒装蛋糕粉的 10 倍）；而现在，很多父母会欣然将整个生日派对外包给主办活动的餐馆或企业。例如，父母现在可以预定的一项生日"体验"是派对客人在面包房里装饰自己的纸杯蛋糕的活动。根据派恩和吉尔摩的观点，这是体验经济的发展，它与之前的商品经济和服务经济截然不同。他们还认为，未来的品牌只提供好的产品或者服务已经不够了，还必须创造难忘的体验才行。

他们的预判似乎正在我们的眼前变为现实，客户越发注重整体体验。根据巴克莱银行（Barclays）的一项调查，有 81% 的客户认为高性价比很重要，但品牌所提供的体验也同样重要。此外，42% 的人乐意为更舒适的客户体验额外付费。

当然，有些行业是专注于提供体验的（体育和娱乐业浮现在脑海中）。但是，从本章的实例讲述中你将发现，对体验的关注已经开始渗透到其他领域，尤其是零售业。换言之，进入商店的客户不再只是想着买了产品就走，他们还想获得一种难忘的店内体验。这就是为什么伦敦牛津街的顶级旗舰店让 DJ 们来一楼表演，为什么购物中心经常为购物者举办快闪和其他活动，也是为什么星巴克把客户的名字写在他们的咖啡杯上。这一切都是为了让人们走进这扇门，获得客户忠诚度，理想的话，还能创造一些客户想在社交媒体上与朋友分享的话题。

随着数字渠道的持续增加，这种实实在在的亲身经历对吸引客户是极其重要的。当然，我是尽量网购商品的，我甚至会从亚马逊上订购杂货，然后让配送员几个小时后送到我家门口，所以我希望零售店能给我一个亲自上门的理由。

重要的是，数字优先的企业也正在充分利用这种体验趋势，要么是创造有吸引力的虚拟体验，要么就是在产品中增加切实的亲身体验。想想看，爱彼迎引入了爱彼迎体验，房东可以提供沉浸式的当地活动，比如导游、烹饪课程或者瑜伽等。即便像耐克这样迅猛发展直营、客户线上购物的品牌，也正在投资实体旗舰零售店，为客户提供难忘的亲身体验（见第 14 章）。还有 Amazon Go 无人零售便利店，客户可以想要什么就拿走什么，亚马逊会自动从他们的账户里结账收费，以此创建平稳、高度集成和智能的购物体验。

最后，不管你是线上、线下还是两者都有，重要的是你需要反思你提供的价值，并扪心自问："我们如何才能将这种互动转化为体验，并以此获得增值？"

对像 Adobe 这样的品牌来说，这个问题非常重要，它们甚至雇用了一位首席体验官（CXO）来负责整个企业的客户和员工体验。请注意，理想状态是，这位首席体验官的职责应该是在考虑员工体验的同时也要考虑客户体验，因为二者通常是互相激发的。幸福的员工往往能提供更好的客户体验。

既然我们对体验经济已经有了很好的了解，现在来看看它的实际情况。

实际与数字体验方面的启发性事例

特别是对实体零售商来说，"人们因为什么才会来？"这个问题很重要。如今的零售商需要通过吸睛又诱人的亲身体验来提供增值价值。我们先来举几个励志的"体验式零售"的例子吧。

约翰 - 路易斯：想让这家店专属于你吗？

英国高端百货公司约翰 – 路易斯（John Lewis）几年前登上了新闻头条，原因是宣布为挥金如土的客户推出闭店后的私人购物服务。对那些准备在店里花上 1 万英镑的人来说，员工在闭店后才能空闲出来，为他们创造一种更高级的专属购物体验。这项服务肯定不是针对普通人的，但是我明白，闭店后继续营业的感觉应该是非常棒的。

古驰：将体验式零售提升到一个新高度

位于意大利佛罗伦萨的古驰花园（Gucci Garden）是修建在一个 14 世纪宫殿里的多层画廊。除了一个零售空间，这座建筑还包括一家米其林星级厨师马西莫·博图拉（Massimo Bottura）执掌的餐厅，以及两层更像是博物馆的品牌体验艺廊，里面有经典的古驰品牌展示和一个 30 座的放映厅。这样的体验让人赞叹不已，但参观是收费的（最初开放时收费为 8 欧元），不过每张门票的一半费用会用于支持佛罗伦萨的修复项目。

需要强调的是，一层的零售空间是免费的，只有到上面两层参观品牌体验之旅才需要付费。而我认为，这是一个非常好的参照标准，就是品牌创建出人们愿意为之付费的绝佳体验。

发发奇和布朗斯：将奢侈品零售与科技融合

在线奢侈品品牌购物平台发发奇（Farfetch）是多品牌奢侈品精品店布朗斯（Browns）的所有者。2021 年 4 月，当新的布朗斯旗舰店在伦敦开业时，推出了发发奇所提及的"未来商店"（Store of the Future）项目。这是一种高度互动的零售空间，设计初衷是吸引客户到店并让他们在店里驻足更久，包括更衣室里连通的交互式镜子，可以把顾客愿望单上的商品展示出来，告诉你怎样才能穿出风格以及有哪些搭配产品等。

使用布朗斯应用程序的店内模式，客户可以将愿望单分享给店员，这样店员就会了解他们感兴趣的商品。商品旁边还有二维码，可以提供更多的信息和相似商品。店里还有一家餐馆、一个美妆和造型区以及一间定期更换体验的房间（例如摄影展）。有这样一家集科技、娱乐、休闲和个性化服务于一体的商店，我是真的很乐意把时间花在里面。

普利马克：创造戏剧化零售体验

在零售业的另一端，还有低消费快时尚零售商普利马克（Primark）。普利马克在西班牙马德里开设了一家占地 1.2 万平方米的门店，其目标是创造一种"剧场式、影院式"体验。在店里令人叹为观止、高达 30 米的穹顶之下，有 11 个巨大的透明 LED 屏幕，可以展示音频和视频，创造出一种迷幻的全息效果。店里还有一间"潮物社"，通过屏幕帮助购物者了解最新潮流，还能创建自己的形象。这说明，即便在店里安装小屏幕也可以帮助顾客获得更多的购物体验。

范斯：范斯之家，伦敦必去之地

时尚、文化、小轮车、滑板、艺术和音乐齐聚范斯之家（House of Vans），一个占地 3 万平方英尺的游玩胜地，有放映室、咖啡厅、音乐间、美术馆以及滑板场，还有一家商店。这里不仅可以买到最新款的范斯产品，还是一个跟朋友聚会、闲逛的好去处。

《幽灵赛车：E 级方程式》：沉浸其中的体育迷们

我最喜欢的一个沉浸式体验的例子是《幽灵赛车：E 级方程式》。这款手游从 iOS 和安卓系统都可以下载，让电动方程式赛车迷们可以在起跑线上与真正的赛车手实时抗衡。该游戏展现了超级写实的景观，并配之以与赛道上车手相同的速度、位置和移动。所有这一切使得幽灵赛车创造出一种无比真实的赛车体验，是比抗衡算法或者自己的朋友，甚至比观看电视上的比赛都要好得多的体验。对我而言，它体现出体育业、娱乐业和游戏行业是如何使其体验更加具有沉浸感的。

使用 AR 和 VR 创造沉浸式体验

《幽灵赛车》很好地把我们的关注点导向更多基于技术的体验。实际上，在这本书中有很多使用技术创造沉浸式体验的例子，比如 Warby Parker 在家试戴眼镜的增强现实（AR）工具（见第 14 章），野火鸡（Wild Turkey）的 Alexa 威士忌品尝（见第 10 章），迪士尼的魔法腕带（见第 10 章），以及沉浸式教育培训（见第 5 章）。

尤其是，增强现实（AR）技术和虚拟现实（VR）技术为品牌在虚拟世界以及现实世界中创造沉浸式体验提供了令人兴奋的新方法。例如，化妆品品牌魅可（MAC）在门店中放置了 AR 镜子，让客户可以随时以数字化的方式尝试新的化妆造型。此外，中国的豪华生活方式旅游平台赞那度（Zanadu）在其位于上海的尖端旅游体验空间开创了 360 度虚拟现实（VR）体验。这种体验的目的在于展示旅游目的地，并提供一种沉浸式的旅游和住宿风格。作为扩展现实（XR）科技中最具沉浸感的技术，虚拟现实（VR）提供了一种独特的方式让客户仿佛置身于另外的世界，或者让其体验到产品和服务的全部功能。

未来，扩展现实（XR）可以创造更多的沉浸式体验

我们来详细讨论一下扩展现实（XR）技术带来的可能性。XR 是一个快速发展的领域，它意味着在不久的将来企业将能够带来更高级的沉浸式体验，并创造出非常逼真的虚拟体验。

能够实现沉浸式体验这一飞跃的技术包括：

- 更小、更轻的 VR 头显配有内置手部检测和眼动追踪。手部检测让 VR 用户不需要笨重的控制器也能够控制动作。用户的表达更清晰，可以更深层联结到他们的 VR 体验。而眼动追踪技术的加入可以帮助用户创建更流畅的体验，减少了延迟。
- 新的扩展现实（XR）配件有助于加深体验，比如可穿戴式机器人靴子给人以行走的感觉。
- 全身触觉套装（full-body haptic suits）可以带来超现实的触觉感受。我们其实已经有了类似触觉手套这样的产品，可以通过振动来模拟触觉，但是全身触觉套装将其提升到了一个更高的层次。

展望未来，我们将有神经虚拟现实技术（从本质上说就是脑机接口），它将大脑与虚拟现实体验直接连接。神经虚拟现实的基本理念是，用户将能够只通过意念就可以操控物体，控制虚拟世界的动作。换言之，在未来的体验中，可以用脑电波来创造一种全新水平的体验感。是不是觉得匪夷所思？但其实总部位于波士顿的初创公司 Neurable 已经在致力于开发日常脑机接口，埃隆·马斯克的 Neuralink 项目正在研究通过植入实现人脑与人工智能接口之间的双向交流，脸书也在开发自己的可穿戴脑机接口。如果这种技术与 XR 技术相结合，将彻底改变所谓提供沉浸式客户体验的意义。当然，还有几年，甚至可能几十年的路要走。但我想简单讨论一下这个快速发展的领域可能面临的状况。

除了寻求体验，客户也愿意与那些能够提供更具可持续性和更环保产品的品牌沟通与互动。下面我们来了解一下理性消费的兴起。

经验分享

■ ■ ■ ■

在体验经济中，消费者最看重的是体验，而不是对商品的所有权。对企业来说，这意味着：

- 无论你是在线上还是线下与客户接触，或者两者都有，都要问一个关键问题，即"我们如何通过将客户互动转化为体验来实现更大的增值？"。
- 要牢记，随着 XR 技术的发展，虚拟体验可能会变得更加具有沉浸感和真实感。
- 另外，不要忘记员工体验。因为它往往与提供良好的客户体验交织在一起。更多有关员工体验的内容，请参见第 20 章和第 21 章。

第 17 章

理性消费：
消费者对可持续、负责任产品的需求

人们对气候危机的了解正在迅速上升（见第 1 章），随之而来的是对更加环保的产品的渴求。可以肯定的是，在我家里，我们都很乐于了解所购买商品的影响，而且经常会问这样的问题："是公平贸易吗？""这个是可持续养殖的吗？"我们努力成为理性的消费者，换言之，我们努力了解所购商品带来的更广泛的影响，并且只要可能，就选择更可持续、更负责任的替代品。正如这个趋势所表现出来的那样，我们并不孤单。

理性消费的兴起

某种程度上受到如"反抗灭绝"（Extinction Rebellion）等运动和环保活动者格蕾塔·通贝里（Greta Thunberg）的推动，目前我们已经到达了环保意识问题的爆发点，而这也正在影响我们的购买决策。以"飞行羞耻"（Flygskam 或 Flight Shame）为例，这个词于 2017 年在瑞典第一次出现，2018 年机票销量开始下降，同时火车票销量开始攀升。所以，选择理性消费并不会带来地位提升，但不选择放弃有害消费会颜面尽失。很显然，理性消费正在成为主流。

除了价格和价值等传统因素，环保证书、可持续性、负责任的操作等，现在也是消费者的重要关注点。如今，有 2/3 的消费者是"信念驱使型买家"，超过 2/3 的消费者表示他们希望品牌能够在社会、文化和环境问题上挺身而出。有 3/4 的千禧一代愿意为可持续产品支付更多的费用，但显然消费者依然想要公平的价格和好的交易，而环境和社会影响现在成为额外的考虑因素。消费者尤其想知道：

- 产品是在哪里生产的
- 怎样生产的
- 用什么材料生产的

科技在这方面发挥了关键作用，因为消费者在决定购买之前可以先轻松地对这些因素进行在线研究。

对企业来说，这意味着利益相关者的概念正在发生变化。除了客户、员工、投资者等，社会本身现在就是一个利益相关者，意思是说那些通过提供负责任的产品来维护社会最佳利益的企业，将能够更好地应对未来。所以企业必须努力确保它们的产品生产是符合伦理的，使用的是可持续性材料；必须投资更具可持续性的商业运营（更多有关内容请参见第 18 章）；当然，他们还必须向消费者（我认为还应该包括员工、投资者、供应商等）推广自己具有环保意识的方法。

监管机构和消费者也会愈加推动企业采用更环保的措施，生产更环保的产品。例如，我希望在不久的将来能够在产品上看到碳排放标签和食物里程标签。随着大多数消费者由信念所驱使，透明度将成为未来必需的一种状态。

但我们先来看一下这种趋势在目前阶段实际上到底意味着什么，

具体来说，理性消费是如何促成了大量环保、可持续性产品的生产的。

理性食品消费

我认为，食品业完美诠释了这个趋势。我前面在第 6 章中谈到了农业领域正在发生的巨大变化，现在我们来讨论一下在具体的产品和品牌方面，这些变化意味着什么。

有机选择

2019 年美国有机食品销售额高达 500 亿美元，比上年增长4.6%（超过了总体食品市场 2% 的增长率）。所以，虽然有机食品只占整个市场的一小部分，但是它在持续增长。

其中的一个例子是美国家族咖啡烘焙公司 Grounds for Change。该公司实行公平贸易，并生产由遮阴种植咖啡豆制作的有机咖啡，这样做反而有助于防止滥伐森林。农民的咖啡能卖到一个公平的价格，在适宜的条件下工作，咖啡本身也得到了无碳认证。Grounds for Change 的其他环保认证中还包括使用可再生能源和将一定比例的利润捐献给环保组织。

虽然我自己喜欢尽可能购买有机产品，但我也承认不可能每个人一直购买有机产品，或者用纯有机方法养活不断增长的全球人口。这意味着我们需要确保非有机食品也尽可能具有可持续性。

可持续性海产品

正值本文撰写之际，纪录片《渔业阴谋》（*Seaspiracy*）刚刚发行。该影片一个重要主张就是，根本没有可持续性捕鱼这回事。现在我坚信，如果我们都采取植物性饮食方式，那将给我们的地球带来巨大的积极影响。但同时我也意识到，短期内要看到全世界的人都成为严格的素食主义者是不太可能的。所以我们这些吃鱼的人（包括我自己）要尽可能做出最佳的购买决定。

通过售卖"来源可靠"的海产品，超市越来越多地助力这个过程的实现。英国超市连锁维特罗斯（Waitrose）便是参与"海洋信息公开计划"（Ocean Disclosure Project）[①]零售商中的一员。这是一个自愿项目，公开披露其海产品是野生打捞、养殖还是其他来源。据维特罗斯本公司的清单显示，2019 年有超过 92% 的自有品牌海产品被独立认证为来源可靠。其他参与该项目的零售商还有阿斯达（Asda）、奥乐齐（Aldi）[②]、Hannaford、利德尔（Lidl）[③]和特易购（Tesco）。

植物性肉类和奶制品

在第 6 章中我谈过很多有关植物性肉类的内容，请允许我在这里再次强调一下植物性肉类选择的广泛度。我们不仅有像 Beyond Meat[④]、Eat Just[⑤]和 Impossible Foods[⑥]这些全部销售植物性食物选择的公司，还有其他一些家喻户晓的品牌也参与进来。例如，家乐氏公司（Kellogg Company）[⑦]旗下的 MorningStar 推出的 Incogmeato 系列。雀巢于 2017 年收购了 Sweet Earth Foods，现在生产包括比萨、薯条和墨西哥卷饼等植物性肉类系列产品。还有汉堡王的餐馆几乎成了牛肉的圣地，宣布说到 2031 年其英国门店

---

① "海洋信息公开计划"（Ocean Disclosure Project）：由可持续发展渔业伙伴组织于 2015 年发起，零售商、供应商、鱼饲料制造商等企业自愿加入，自愿公开其海产品采集来源及生态影响等信息。
② 奥乐齐（Aldi）：一家世界知名的德国零售企业，成立于 1913 年。
③ 利德尔（Lidl）：德国一家全球折扣连锁超市。
④ Beyond Meat：食品科技初创公司，由 Ethan Brown 于 2009 年创立。
⑤ Eat Just：食品科技初创公司。
⑥ Impossible Foods：食品科技初创公司，于 2011 年创立。
⑦ 家乐氏公司（Kellogg Company）：全球知名谷物早餐和零食制造商。

的菜单中植物性食品将达到50%。这不仅对素食者和纯素主义者（哦，就是那些愿意到汉堡王买食物的人）来说是个好消息，也是帮助肉食者享受更多植物性食物的好办法。

我们现在甚至还有无动物源奶制品。食品公司 Perfect Day 发明了"世界上第一个真正的无动物源牛奶蛋白"。换言之，它制作的是相同质地、相同味道和相同营养的奶制品，但是通过发酵产生，而非奶牛。在撰写本文之时，该品牌销售的产品中包括无动物源奶酪、酸奶和冰激凌。

棕榈油的反击

超市货架上摆放的很多产品中都含有棕榈油。根据世界自然基金会（WWF）的数据，棕榈油是地球上消耗量最大的植物油。这个消息可不妙，因为生产棕榈油的种植园蔓延，给热带雨林带来了破坏，而热带雨林是猩猩、老虎等濒危物种的宝贵栖息地。

当我和家人翻找置物架时，惊讶地发现有很多产品含棕榈油。所以每一种产品我们都改用不含棕榈油或者使用可持续性棕榈油的产品来替代。能多益（Nutella）[1] 是一种含有可持续棕榈油的产品，获得了棕榈油可持续发展圆桌会议（RSPO）的认证。也就是说，棕榈油的来源可以追溯到磨坊，以此来确保它并非产自那些可能造成滥伐森林的种植园。实际上，世界自然基金会鼓励消费者购买含有可持续棕榈油的产品，而不是完全放弃棕榈油，因为那样会伤害到种植棕榈树的团体。这是好事儿，这样就不会有人说服我的孩子放弃能多益了！

但是也有一些品牌会完全避开棕榈油，由国际无棕榈油认证商

---

[1] 能多益（Nutella）：意大利厂商 Ferrero 生产的榛子酱，可如牛油、花生酱般涂在面包、饼干等食物上来增添美味，也可以用作烘烤糕点的馅料。

标（POFCAP）认证为不含棕榈油产品。例如，Meridian Foods 生产的天然坚果和种子黄油中不含棕榈油，实际上，是只含坚果和种子。该公司还与国际动物救援组织合作，帮助拯救猩猩，参与植树活动（这再次让我们想起了直面消费者品牌的慈善证明，见第14章）。

其他行业的环保实例

除了食品，我们再来探讨一下吸引理性消费者的其他产品。你在前面章节中可以找到更多有关可持续性产品的例子，包括可持续水泥（见第 7 章）和生态床垫（见第 14 章）。

电动车

我们在第 8 章中谈到了车辆电动化，简单说，就是电动车现在已经成为汽车市场的中流砥柱，特斯拉的 Model 3 车型在 2019 年8 月成为英国第三大最受欢迎的新车型，电动车的销售额也翻了一番。但评论家说特斯拉允许客户用比特币支付的决定（见第 14 章）破坏了其生态信誉，因为比特币挖矿会导致惊人的能源使用（见第 9 章）。一位评论家将特斯拉的决定与善待动物组织（PETA）[①] 要求以毛皮大衣的形式捐赠相提并论。这表明，企业必须思考一套整体办法来实现可持续性发展。

可持续性包装

你将在第 18 章（可持续运营）中看到更多与此相关的内容，现在我们先简要探讨一下一家公司是怎样大幅度降低包装对环境

---

① 善待动物组织（PETA）：是由 Ingrid Newkirk 于 1980 年创建的激进动物保护组织。

的影响的。

网购产品的一个弊端是其包含大量的包装。我肯定不是唯一一个在亚马逊订购了一件小产品却收到一个塞满包装材料的巨大盒子的客户。韩国公司 Coupang 的包装方式让亚马逊自惭形秽。

Coupang 是韩国最大的电子商务零售商和第二大上市公司，如果你愿意，可以说这是这个国家对亚马逊问题的应对。但要我说，它做得更好。该公司已经取消了运送时所需的 75% 的纸箱和泡塑包装，而其日杂服务 Coupang 生鲜则使用可重复使用的包装箱运送，顾客处理完毕后只要把包装箱放在家门口就行，Coupang 会上门取走。同样，当顾客想退货时，可以把货品放在门外，不需要贴标签或者包装。真的，要是我能从英国买到 Coupang 的东西，我肯定买。

生态假期

我们不仅要从负责任的公司购买负责任的产品，还可以在负责任的度假区里度假。如果你以为这就意味着要暂时过几天苦日子，那你可就错了。如今这些生态度假区显然就是高端目的地。

例如，位于哥斯达黎加的卡拉鲁娜精品别墅酒店（Cala Luna Boutique Hotel & Villas）将可持续性嵌入其服务的方方面面。度假区位于一个半私密的野生海滩，是海龟的保护地，拥有中美洲最大的太阳能装置，它的有机花园供应"从农场到餐桌"食物的餐厅，再加上可生物降解的洗漱用品和内部自制的家具。

再例如位于保护区雨林伯利兹（Belize）的科帕尔树旅馆（Copal Tree Lodge）。这个度假区有一个面积为 3000 英亩① 的有机农场，提供树旅馆餐厅 70% 的食物（剩下的农产品来自当地供应

---

① 1 英亩 =4046.856 平方米。

商）；有一家用农场自产的有机糖、冠层水和酵母现场制作朗姆酒的酿酒厂；客人还可以获赠铝制的水瓶，以减少浪费。

可持续时尚

时尚业，特别是快时尚，是一个严重的污染源，但很多时尚品牌正在推进可持续产品。例如下面几个例子：

- Allbirds[1] 是我特别喜欢的一个品牌，部分原因是它生产的鞋子特别舒服，还有一个原因是该公司致力于在产品制造过程中减少碳排放。从原材料选用到鞋生终结，Allbirds 计算每个环节的碳排放量，尽可能使用天然和可循环再利用材料，以此抵消残余污染。简而言之，就是把 Allbirds 打造成一个碳中和企业。而且不止于此，该公司的愿景是将碳排放量降为零。
- Reformation[2] 每个季度都会发布可持续性报告，这样可以帮助公司追踪记录其环保进程，同时还能追踪它的环境足迹，包括排放的二氧化碳磅数和生产中用水的加仑数。另外，该公司于2015年已经实现 100% 碳中和。
- 就像阿迪达斯这样的大品牌也在努力减少其产品带来的影响。阿迪达斯曾经与致力于海洋环保的组织 Parley 合作，将海洋里的塑料污染物制作成鞋子。Parley 海洋塑料（Parley Ocean Plastic）计划是将海洋塑料垃圾进行升级再造。阿迪达斯与 Parley 联名的 Adidas x Parley 运动鞋中应用了这种材质来替代原始塑料。一想到海洋中散落着超过 5 万亿的塑料垃圾，就知道我们需要更多这样的产品。

---

① Allbirds：美国一家位于旧金山的初创公司，旨在设计、销售环保鞋类。
② Reformation：美国女装品牌，由美国洛杉矶设计师耶尔·阿芙拉洛（Yael Aflalo）在 2009 年创立。

减少清洁及洗护用品中的塑料

去看看你厨房水槽下面和浴室周围，你可能会发现很多塑料瓶。还不止于此，像牙膏、洗面奶和沐浴啫喱这些产品中所含的塑料微珠会被冲到下水道，流入海洋，在那里它们会危害海洋生物。我们家只是简单地从使用瓶装沐浴啫喱、洗发水和洗面奶改为使用香皂和洗发皂，就大量减少了购买和冲入下水道的塑料。

有些公司在瓶装产品中加入了可回收塑料，但这还远远不够。例如宝洁公司推出了海滩塑料含量高达 25% 的材料制成的海飞丝瓶，但是这些大公司应该做得更多。在我看来，小公司在这个领域倒是一马当先。比如说生产洗发皂的 Lush，还有 Grove Collaborative[①]，它们的天然清洁和个人护理产品目前是 100% 塑中和，并将在 2025 年以前实现完全零塑。

将食品垃圾转化为可生物降解的塑料

最后举一个可以让未来更加可期的例子。Genecis 是一家由多伦多大学的学生经营的公司，他们从食品垃圾中提取 PHA（一种羟基酸）并将其转化为高性能的可生物降解塑料。Genecis 的塑料与传统塑料性能相同，但不需要环境成本。在产品使用寿命结束时，塑料可以在一个月以内堆肥，如果流入海洋，可以在一年内降解。

当然，提供更具可持续性产品只是解决问题的一个方面。企业还必须寻求方法，使其日常运营也更具可持续性。如此便开启了本书的下一部分话题——企业运营。

[①] Grove Collaborative：美国环保日化用品公司，成立于 2016 年，总部位于旧金山。

经验分享

■■■■■

在本章中，我们了解到：

- 大多数消费者都是信仰驱动型。环保意识日益增强意味着消费者越来越想购买可持续、环保和负责任的产品。
- 各行各业的企业都在致力于减少塑料制品、减少浪费、追踪其产品对环境的影响并减少影响。
- 只是减少企业对环境的影响还是不够的。如果你想吸引和留住客户，那么向你的受众宣传你的可持续性资质就是至关重要的。

企业运营
再思考

第四部分

我们在之前的章节中只专注讨论了产品和服务，以及企业如何为了第四次工业革命再思考其产出。

现在让我们从产品和服务转向企业的日常运营。在了解了正在发生的产品和服务趋势、科技趋势以及更为广泛的全球变化后，本部分探讨的是重要的运营趋势，即遍布各个行业的企业如何改变其业务运行方式，以适应我们这个快速变化的世界。

毫无疑问，你自己的企业也将以类似的方式重新考虑企业运作。我希望这些章节会有所帮助。一如既往，文中会有很多真实的事例，从各个领域显示所有的可能性。

第 18 章

可持续运营与弹复性运营：
建设更强大、更负责的公司

让我们从企业运营的两个重要方面开启本章内容：弹复性和可持续性。

为第四次工业革命反思弹复性问题

我相信，本书中的每一章内容都与建设更具弹复性的企业有关。毕竟弹复性的一个关键问题是要能够适应并长期生存。让你的企业适应第四次工业革命，符合本书中涉及的商业趋势，本身就绝对具有弹复性。

在一个颠覆成为常态的时代，弹复性意味着什么？

2021 年春天我在撰写本文时，正值英国结束第三次封城。在这个时间节点写关于弹复性的内容是很有意思的。2020 年对整个社会来说都具有强大的颠覆性，除了全球新冠疫情大流行持续蔓延，还有气候危机日趋恶化，以及政治及社会局势动荡不安。对企业来说，2020 年很好地诠释了"未雨绸缪"这个概念。

我在第 1 章中概述了全球变化，在第 2 章中讲到了科技的迅猛发展。我的观点是：我们正在进入一个时代，或这样或那样的众多颠覆性变化将是企业面临的常态。实际上，德勤的一项全球调查显示，每 10 位商业领袖中有 6 位认为，我们未来将会看到企业颠覆性变革可能会不定时出现，或者成为常态。3/4 的人认为气候危机与新冠疫情大流行的严重程度类似，甚至更严重。这就使得弹复性比以往任何时候都要重要。但企业如何在可能出现的常态性颠覆中建立起弹复性运营？

根据德勤的调查，公司要想创建弹复性运营，以应对未来预料之中或预料之外的挑战，必须培养 5 大特质，那是所有顺利度过新冠危机的弹复性企业都具备的 5 大特质。这些特质包括：

1.准备充分：他们成功地平衡了长短期规划。

2.适应力强：特别注重建设一个技能多样化、适应能力强的员工队伍。

3.协同合作：改善协作和减少组织内部的孤岛将加速决策并促进创新。

4.值得信赖：弹复性企业致力于改善与利益相关者之间的沟通与信息透明度，构筑信任，以同理心为引领。

5.高度负责：成功的企业认识到，除了利润，它们还要承担其他责任，并尽力平衡利益相关者的需求。(我还想说，企业也不只是为利益相关者负责，还要为我们所在的这个世界负责。)

网络弹性和下一次大流行

新冠疫情大流行期间，那些可以转向数字化渠道或者加速其数字化转型的企业显然更加具备未来的生存能力。但如果下一次大流行是数字病毒，比如说是一种摧毁互联网的病毒，我们又该如何应对？如果这种情况真的发生，拥有实体设施的企业可以更好地生存，而那些完全依赖数字渠道的企业则将面临重大的生存威胁。因此，处于第四次工业革命浪潮中的弹复性应该将数字渠道与其他渠道进行平衡，例如实体零售渠道。

即便没有全球性数字病毒来袭，个体企业也极易遭受网络攻击，使运营遭受重创，影响利润，并摧毁对企业的信任。如我们在第 2 章中所言，网络入侵愈演愈烈。正因为如此，网络弹性非常重要。

如果网络安全是一种保护数字系统和资产（包括数据）不受攻击的手段，网络弹性则为企业做好应对攻击的准备。网络弹性是指在攻击发生之时维护重要运行，并使企业尽快全面恢复运营。如今，随着网络攻击的日益严重，没有网络弹性，网络安全也无从谈起。

建设更具网络弹性的企业，须做到如下几点：

- 对员工进行网络安全和网络弹性方面的培训，使企业内部人员了解网络安全和网络弹性的重要性，并更好地识别如网络钓鱼等网络安全威胁。培训还应包括介绍网络攻击发生时的状况。
- 拥有强大的网络安全技术和实践经验储备，包括防火墙、数据备份等。
- 分隔临界系统与非临界系统，万一非临界系统受到攻击，临界系统可以保持正常。
- 针对以下情况指定应急响应预案：
  - 技术响应：如何阻止攻击、维护业务功能、修复系统等。你甚至可以尝试运行一下模拟攻击，在资源受限的情况下运营业务。
  - 沟通路径：需要告知攻击情况的相关人或部门，包括利益相关者以及执法与监管机构。
  - 事件后调查程序：例如，你会针对问题开展内部调查还是聘请第三方调查员？

如果弹复性（以及网络弹性）是为了确保你的企业能够继续短

期或长期运营，那么可持续性自然是其中很大的部分。如果我们不减少企业经营对气候的影响，那么遭受损失的不仅仅是企业，而是整个人类。

成为更具可持续性的企业

企业须自查运作，将其对环境的影响降到最低，消除或减少企业经营的环境成本。

脱碳供应链

根据世界经济论坛（WEF）的数据，食品、建筑、时尚、快速消费品、电子产品、汽车、专业服务和货运这8条供应链的碳排放占全球温室气体排放量的50%以上。如果这些行业内的企业能够解决供应链排放问题，它们所产生的影响将大大超过单纯关注其直接运营和能量消耗造成的影响。也就是说，它们将对气候产生更大的影响。根据WEF的调查，只需要小幅增加产品成本即可。

针对供应链碳排放问题，WEF建议采取以下9项重要举措：

1. 建立综合排放基准，鼓励供应商用实际数据参与。

2. 制定宏大而全面的减排目标，并报告进展。

3. 重新设计可持续产品。

4. 重新考虑（地域性）采购政策。

5. 制定大规模采购标准，引入排放指标，并根据标准追踪进展。

6. 与供应商协作应对排放问题。

7. 与同行协作，调整行业目标及计划以实现行业影响最大化，创造公平竞争的环境。

8. 提高需求以实现规模化。例如，通过"采购群"来降低绿色解决方案成本。

9.制定内部管理机制，使决策者的意愿与排放目标保持一致。

以上这些举措与 WEF 着重强调的 8 个行业尤为相关，但实际上任何企业都可以依照这些推荐实现供应链脱碳。如果所有企业都据此而行，它们对环境的影响将成倍扩大，并极大推进全球气候行动。这想法太妙了！

如何促进企业更加环保

除了供应链问题，我们再来简短探讨一些所有企业都可以遵循、建设更具可持续性企业的简单方法。

- 了解企业现在的影响力。一旦搞清你目前的位置，便可以采取措施改善状况。可以从检查能源使用量和水摄取量这样的点滴小事入手，与能源和水资源供应商合作，削减使用量。
- 改用可再生能源。这是你的企业能够发生重大改观的最有力的方法。
- 垃圾减量、再利用和可循环。从减少能源消耗到回收纸张和塑料等材料，企业内有很多减量、再利用和可循环的方法。
- 审核企业使用的产品、材料和服务，改用可持续性替代方案。从员工卫生间的厕纸和清洁工使用的产品，到虚拟服务器提供商、运输供应商和软件提供商，通常都能找到某种碳中和的替代选项。
- 改用可持续产品包装。可堆肥的包装是理想选择，至少也要是可循环使用的包装。
- 允许员工在适当的地点远程办公，因为因公出行的人越少，意味着排放量越小。如果因为工作需要员工出行，那就激励他们使用自行车或者公共交通（自行车贷款、季票贷款、票价补贴等）。

建设更具可持续性企业的益处

如我们在第 17 章中所见，消费者日益关注气候危机，希望从负责的、可持续发展的企业那里购买产品。可见，建设更具可持续性企业的最大优势就是提高品牌知名度，从而吸引并留住顾客。

其他值得考虑的益处还有：

- 提升你的雇主品牌。提高企业的可持续性资质有助于你的企业吸引和留住人才（更多相关内容参见第 20 章）。
- 在某些领域降低成本。例如，从长远来看，减少能源消耗和水资源使用可以大幅节省开支。
- 充分利用税收优惠政策。如果投资可再生能源技术，则可以根据你所处地域获得税务抵免。

现在我们来把这些想法付诸实践，讨论几个我最喜欢的可持续企业运营的例子。

实践中的可持续运营

很多有趣而鼓舞人心的例子都可以用于本章的内容，所以用例的选择并非详尽无遗。重要的是，它们让我们尝到了各种可能性的滋味。说到滋味……

托尼的寂寞巧克力：应对环境与社会影响

最近我第一次尝到了荷兰品牌"托尼的寂寞巧克力"（Tony's Chocolonely）。说实话，真好吃。但除了美味巧克力（有的是纯素），托尼在其整个供应链的表现都很出色。该公司致力于实现可可行业的公平贸易，杜绝了奴隶制和童工。在环境方面，Tony's 不使用棕榈油，并引进多种方法减少和抵消其气候影响。例如，该公司与非营利组织 Justdiggit 合作，让干旱的非洲土地重新变成绿野。世界上大部分的可可豆都生长于斯。所以 Tony's 连续四年蝉联荷兰最具可持续发展品牌就不足为奇了。

对我来说，可持续发展不仅仅是企业的环境足迹，而且是它们的社会足迹。换言之，我们如何待人非常重要。Tony's 作为一个典型的事例，告诉我们企业如何计算并减少其产品和服务的真正社会成本。

Patagonia: 可持续服装

在运动和户外服装领域，你可能很难找到一个比 Patagonia 更可靠的品牌了。Patagonia 通过工作坊的方式教给消费者如何修复衣物（或者交给公司来修复）——是不是 Patagonia 的衣物都可以。该公司正在努力于 2025 年之前实现全面碳中和。除此之外，公司在美国 100% 的用电需求来自可再生电力，64% 的织物（撰写本文之时）都取材于可回收材料。

另外，公司 1% 的收入用于支持环境组织，其社会责任计划可以保证公司产品在安全、公平、合法和人性化的工作条件下进行生产。

通用磨坊：废品回收

有几家公司拒绝采用将垃圾送去土地填埋的做法。例如，食品公司通用磨坊（General Mills）就找到了副产品的其他用途，像燕麦壳现在就被用作燃料。在全球范围内，该公司超过 80% 的固体垃圾都实现了重复使用或回收使用。

星达露：让铝罐更具可持续性

2021 年，星达露（Estrella Damm）啤酒厂推出世界上第一款获得铝业管理倡议（ASI）认证的铝制饮料罐。ASI 计划确保铝在整个生命周期内保持高度环保、社会和道德标准。星达露还致力于提高人们的回收意识，目前已经完全取消合装包的塑料环，改用100% 生物可降解纸盒，由此每年减少超过 260 吨塑料使用量。

麦克米拉：以可持续方式蒸馏威士忌

我在第 12 章中提到过麦克米拉生产的个性化威士忌，但同时该公司也创建了世界上第一家"环保蒸馏厂"。这家蒸馏厂被命名为"重力蒸馏厂"，因为其生产过程中的每个阶段都用到了重力。只用当地农场种植的大麦（减少运输），用生物质颗粒燃料给水加热，再将废水回收到系统。

百胜集团：找到一条减少包装废料的明确路径

肯德基、必胜客和塔可贝尔都是百胜集团旗下品牌。百胜承诺，在所有品牌范围内，要经过如下几个阶段实现减少包装废料：

- 2022 年：去除全球范围内所有肯德基、必胜客和塔可贝尔门店食品包装中的聚苯乙烯泡沫塑料和发泡聚苯乙烯。
- 2025 年：实现塔可贝尔所有面向消费者的包装可回收、可堆肥或者可重复使用，并为店铺增配回收桶和堆肥桶。
- 2025 年：实现肯德基所有面向消费者的塑料包装可回收或可重复使用。

这表明，你其实并不需要一次性应对所有问题，可以安排一系列意义重大的措施和节点。

沃旭能源：碳中和发电

沃旭能源（Orsted）是排名世界第一的可持续发展能源公司。到 2025 年，其能源生产与运营将实现碳中和，这将使其成为第一家从化石燃料转型为净零排放的大型能源公司。该公司将其可持续发展聚焦于三个主题：供应链脱碳、改善生物多样性管理使其与当地生态系统保持平衡，以及与当地社区创造共享价值。

七兄弟：汝之废品，吾之啤酒

精酿公司七兄弟（Seven Bro7thers）与家乐氏（Kellogg's）合作，推出了使用谷类废弃物酿造（它们把这称为"谷物的升级再造"）具有可持续性的啤酒。每一种啤酒都是由家乐氏麦片制作过程中被淘汰的谷物酿制而成。换言之，那些不符合我们早餐麦片标准的谷物就用来酿造啤酒。这一系列的啤酒使用的原材料有家乐氏的玉米片（Corn Flakes）、脆米花（Rice Krispies）和可可米（Coco Pops），起的也都是像 Throwaway IPA 和 Sling It Out Stout 这样的名字，足见该公司品牌的核心就是可持续性。

好时：致力于终止森林砍伐

通过"Cocoa for Good"计划，好时（Hershey）公司将在2030年前投资5亿美元，创建一条更具可持续性的供应链，结束森林砍伐。该公司是《可可与森林倡议》（CFI）的创始成员，而作为CFI在加纳和科特迪瓦的森林保护计划的一部分，好时公司向农场发放了超过90万棵树木，向农民发放250多万棵树苗，并对5万个农场进行卫星测绘。卫星测绘有助于提高可追溯性，以此支持森林砍伐预警系统。该公司还投资可再生能源，并制定了积极的排放目标，承诺在2030年以前实现100%的塑料包装可回收、可重复使用或者可堆肥。

Protix：将食品废物升级制造为昆虫蛋白

或许你已经听说过有关昆虫蛋白的大肆宣传，可是我们怎么才能学着爱上吃昆虫，不吃其他动物？这个想法有一定道理，但现实情况对大多数肉食者来说可并不是很诱人。于是 Protix 想出了这个主意，研制出具有可持续性的昆虫蛋白，初衷是用作动物饲料。（Protix 为宠物食品、牲畜和水产养殖公司提供原料。）

重要的是，该公司是从当地收集谷物、水果和蔬菜的残余物用来喂养昆虫的，这种基于昆虫的动物饲料比正常饲料使用的土地和水要少得多，例如大豆（大豆的生产导致严重的森林砍伐）。事实上，1 吨昆虫蛋白可以在 14 天内成熟，仅需要 20 平方米空间。Protix 公司在生产昆虫蛋白过程中运用了如人工智能、机器人技术和基因改进等高科技解决方案。

我比较喜欢 Protix 的昆虫蛋白这个例子，因为它将可持续发展与其他高科技趋势结合在一起，例如自动化。下一章中，我们将更详细地探讨自动化，具体来说，就是如何在人类和智能机器人之间获取平衡。

经验分享

■■■■

我们来回顾一下本章中所有企业都可借鉴的一些实用经验：

- 本书中所有内容都是关于建设企业的弹复性的，而企业尤其应该探求方法，培养德勤所提出的弹复性企业都应具备的五大特质。

- 可持续性和弹复性在本质上是相关联的。如果不照顾好我们的星球，我们都将深受其害，包括企业。
- 每个企业都必须关注其供应链和运营，尽量减少企业对环境的影响。
- 最后，不要忽视社会影响的重要性。企业如何对待整个供应链中的人群是至关重要的。

第 19 章

寻求人类与智能机器人之间的平衡：
未来的混合劳动力

如在第 2 章中所见，我们现在的机器人和人工智能（AI）系统功能越来越强大，可以承担起之前由人类完成的任务。由于机器人（或者人机协作机器人、协作机器人）和人工智能可通过订阅获得，即用户可以按需有效地租用机器人或使用人工智能系统（见第 13 章），因此企业比以往任何时候都能更方便地运用智能机器。

这就给雇主提出了关键问题：如何寻求智能机器和人类智能之间的平衡？哪些任务可以赋予机器来完成？哪些任务最适合人类完成？要回答这些问题，我们首先需要确切了解智能机器的能力所在。

人工智能系统和智能机器人的惊人本领

尤其在传统的公司中，企业领导者经常不熟悉当今的人工智能和智能机器人承担的一系列任务。（实际上，我花了大量时间在这方面培训高管。）这类知识对找到正确的方法平衡企业中人类和机器的关系至关重要。

人工智能和人工智能机器人能承担的任务是相当惊人的。例如，你会惊喜地发现，人工智能具备以下能力：

- **读**：人工智能不仅能够理解书面文字，还能从中提取意义。例如，摘要机器人（SummarizeBot）可以理解诸如新闻、报道、网站、邮件甚至法律文件等内容，并摘出关键信息。

- **写**：像《纽约时报》（*New York Times*）、《华盛顿邮报》（*Washington Post*）和路透社等机构使用人工智能写文章，都是一些包括"人物、事件、地点、时间、过程"的典型的公式化文章。但是人工智能也可以写出更富创造性的内容。在日本，人工智能创作的小说差点就获得了文学奖。

- **看**：之前在第 2 章中，我提到过机器视觉支持面部识别，并在自动驾驶汽车道路行驶安全方面发挥重要作用。此外，机器视觉还能用于从监控工厂中的机械到分拣农场里的黄瓜等各种用途。

- **听**：我们知道人工智能已经能够非常精准地理解人类语言（比如 Alexa 和 Siri），但它们同时也可以理解其他声音。例如，ShotSpotter 人工智能警务工具可以识别、定位枪声，并向控制中心发送警报。

- **说**：我们中的很多人已经习惯了和 Alexa 这样的人工智能助手进行基本对话，但谷歌 Duplex 助手能够进行更复杂的对话。它可以以你的名义打电话和预约，运用非常自然的对话性语言，还能对电话另一端的人做出回应。

- **嗅**：研究人员开发出人工智能算法，可以通过分析（嗅）人类的呼吸来检测疾病的潜在迹象。人工智能可以检测到一种与人类疾病和压力有关的醛类化学物质，包括癌症和糖尿病。

- **触**：记得我在第 6 章中提到过的那个摘树莓的机器人吗？它使用传感器和摄像头先识别出成熟的树莓，然后再精细地摘下来。这说明有些智能机器人可以惊人的灵巧。

- **移**：人工智能驱动各种移动的发展，从自动驾驶汽车到 Starship 公司的送货机器人和福特的两足送货机器人（见第 6 章）。在日本东京，人形机器人 Alter3 甚至自主指挥了一场"android 歌剧"。

- **理解情绪**：人工智能可以从人类的面部表情、肢体语言等行为中收集数据，并进行分析，判断当时可能表达的情绪。
- **创造**：除了写过一部差点获奖的小说，人工智能还熟练掌握很多创作方式，包括制作视觉艺术（参见第 10 章中机器人索菲亚相关内容）、作曲和写诗。

虽然这其中有些例子让人叹为观止，但在大多数情况下，人工智能就是进行某种类型的输入（可视化数据、写入数据或者其他什么），然后按照写好的程序生成某种特定的输出。

这意味着可以遵循这个输入—输出模式自动完成各种任务，比如扫描安全监控视频锁定可疑行为、在线审核内容、简单回复客户问询、输入数据或者维护账目。所以，那些基于输入—输出模式的人类工作未来很可能实现自动化。如斯坦福大学教授吴恩达（Andrew Ng）所说，"如果一个正常人可以在不到一秒的时间内完成一项脑力劳动，我们现在或者在不久的将来可以通过人工智能自动完成这项工作"。

实践中的自动化实例

我们先暂停，回顾一下现实世界中的实例，看看自动化已经发展到了何种地步。

爱立信的"未来智能工厂"

爱立信位于得克萨斯州刘易斯维尔（Lewisville）的 5G 智能工厂，为未来的制造业规划了令人瞩目的愿景。该工厂创办于 2020年，生产支持 4G 和 5G 移动网络的天线系统，目前组装、打包、拆包和产品搬运是自动完成的。与此同时，自动驾驶无人机日夜在工厂巡逻，确保安全。实际上机器人完成了几乎所有的体力劳动。爱立信称，这些体力劳动占传统工厂活动的50% ～ 80%。

这样，员工反而可以集中精力做业务或培训。作为在2030年前实现碳中和这一发展目标的一部分，工厂的建设始终秉承可持续性理念，主要以太阳能电池板、雨水储蓄罐和员工电动汽车免费使用充电桩为特色。（更多有关可持续运营的内容，参见第18章。）

奥凯多：说是超市，其实更像是科技公司

英国在线杂货零售商奥凯多（Ocado）是另外一个全自动仓库领域的引领者。在奥凯多的仓库里，机器人穿行在相当于几个足球场大小的设备周围，捡起箱子，再运送到分拣站去继续完成客户的订单要求。机器人的运输流量是完全由人工智能操控的，还有机器人的健康和维护。短短5分钟时间，机器人便可以处理5万个订单。

苹果的回收机器人

我们来认识一下苹果的回收机器人黛西（Daisy）。黛西可以拆解淘汰的iPhone，拆解下来的零件可以重复使用。例如，黛西回收iPhone的电池后，将电池中的关键材料与其他材料结合，用于制造全新的电池。苹果设备中使用的其他回收材料还包括锡和铝。正因为有了黛西（它能够以每小时200个的速度拆解15种不同的iPhone机型），苹果公司在2018年从垃圾填埋场回收再利用了4.8万吨电子垃圾。

与人类一起工作的协作机器人

最新一代机器人的设计初衷是与人类协同工作，而不是完全取代人类。与过去危及人类工人的工业机器人大为不同的是，协同机

器人可以在与人类相同的空间中灵活工作，向人类学习任务，并识别人类的位置（防止与人类发生碰撞）。例如，Giga Automata 的 Animoto 机器人就是设计出来与人类一起工作的。福特和亚马逊等公司已经在制造过程中和仓库里使用协同机器人，它们比人类和机器都更胜一筹。

未来工作：
人类员工将何去何从？

人工智能、机器人、协同机器人及其他智能机器的存在让我们看到，人类的工作在以下三个主要方面受到影响：

- 取代人类工作：有些工作将完全由自动化所替代。
- 增强人类工作：自动化将以某种方式改变更多的人类工作。
- 增加新的人类工作：最后，将会出现以往不存在的新工作。

我们来依次探索一下每个领域。

取代人类工作

根据世界经济论坛（WFF）《2020 年未来就业报告》，到 2025 年，企业采用新科技将改变工作、任务和技能。43% 接受调查的企业表示，由于技术整合，它们将缩减劳动力规模。实际上，WEF 估计，到 2025 年自动化将取代 8500 万个工作岗位。这是一个惊人的数字。

当然，这引发了人们对自动化的诸多恐惧（即便各种头条文章已经警告说机器人将攫取我们的工作，也无济于事）。虽然很多工作岗位将被取代，WEF 预计由于新技术的应用会增强或增加更多的工作。事实上，同一批接受 WEF 调查的企业表示，它们希望能够内部重新安置近 50% 的失业工人。也就是说，更多的雇员面临的是工作发生变化，而不是彻底下岗。

增强人类工作

根据世界 WEF 的数据，到 2025 年，人类与机器在完成现阶段工作任务上花费的时间基本持平。这就意味着，雇主必须在人类完成的任务和机器完成的任务之间找到完美的平衡。换言之，我们需要确保交给机器的工作一定是最适合机器来完成的，而交给人类的任务也一定是最适合人类的（这样就不会让人类最终会感觉自己像台机器）。例如，聊天机器人擅长回复简单的客户问询，但它们无法很好地处理复杂问题。也就是说，在工作流程中我们依然需要人类参与。在这种情况下，平衡人类员工与机器的好处是，人类不必被大材小用，花时间回答常规问题，反而他们可以真正专注于增加价值及提升用户体验上。

共同创造力是成功协同人类与机器的很好例证。《创造力密码》一书的作者马库斯·杜·桑托伊教授表示，人工智能是"促进人类创造力的催化剂"。我完全赞同。机器和人类的共同创造力可以产生激动人心的效果，是任何一方独立工作无法实现的。例如，音乐家和制作人在与人工智能合作制作音乐；屡获殊荣的舞蹈编导韦恩·麦奎格（Wayne McGregor）在与谷歌合作的一个项目中，运用人工智能助力编舞。

记得我们在第 13 章中提到过的 Stitch Fix 吗？那是一个时尚订阅盒子，运用人工智能来挑选你可能会喜欢的服装。但 Stitch Fix 并不仅仅依赖人工智能，恰恰是数据、人工智能算法和人类造型师组合在一起才让其服务如此令人难忘。机器承担初步工作，处理大量的数据，并根据客户信息、偏好和之前的选择来估测其喜爱某种特定风格的可能性。然后由人类造型师做最后选择，给出个人备注，为客户的风格和配饰提出建议。我认为这是将机器和人类的作用发挥到极致的绝好例证。

这种智能机器与能干的人类之间的完美共生关系被自动化先驱 Faethm 称之为"负责任的自动化"。Faethm 的存在是为了确保自动化的实现不会让人类落伍。该公司的做法包括把工作分解成碎片式的任务，看看这些任务可否自动化完成。这样一来，至少根据 Faethm 的说法，自动化不一定会造成失业。恰恰相反，人类可以转去做一些更有价值的工作。它甚至可以在员工队伍中创造一些新的工作岗位。于是开启了我们的下一个话题。

增加新的人类工作

虽然 WEF 估测未来会有 8500 万个工作岗位可能被取代，但同时也估测有 9700 万个新的岗位角色将产生。这些岗位角色会更好地适应人类与机器之间的新式劳动分工。

与过去传统意义上被置于首要位置的那些技能相比，新岗位很可能依赖于一系列略有不同的技艺和能力。这意味着雇主有责任培训员工，使其具备第四次工业革命需要的技能。这也与 WEF 报告相符。根据该报告调查，到 2025 年，雇主将为 70% 以上的雇员提供技能重塑和技能提升的机会。

重塑员工技能，应对第四次工业革命

在这个由人类和机器分担所有工作的新式混合工作环境里，某些特定的技能比其他技能更重要。我尤其希望人们能更加关注"软"技能，即如创造力和批判性思维这样的人类素质。而这些，机器是做不好的。（至少目前的机器还做不好。）

所以，那些容易实现自动化的任务将自动完成。同时，那些留给人类的工作将更加符合人类特点。所以雇主要让自己的员工做好准备，适应核心技能的转变，并相应对员工进行技能重塑和技能提升。我预计在未来几年内会愈加重要的技能，有如下几种：

- **批判性思维。**是的，人工智能在分析数据方面很厉害，但在这个充斥着大量数据的世界里，人类对信息质量的判断能力（判断信息是否真实可靠）以及保持开放思维的能力将弥足珍贵。
- **复杂的决策。**虽然机器可以从数据中提取有价值的见解，但最终基于数据做决策的还是人类。因此，企业需要的是有良好判断力的人，他们可以做出复杂的决策，还能够思考这些决策将给企业及其内部人员所带来的影响。
- **情商与共情。**现在的机器在情商和共情方面完全无法与人类匹敌。
- **创造力。**人工智能在创造性工作方面有所进展，但人类依然更胜一筹。人类在发明、想象、筑梦更美好未来方面的能力还是无可替代的。尽管 Stitch Fix 的例子告诉我们，机器可以助力增强人类的创造力。
- **灵活性。**随着变化速度愈加惊人，技能的半衰期正在缩短。这就意味着，人类需要适应变化，并愿意在整个职业生涯中都时刻准备学习新技能。对新方法保持开放的态度是非常重要的。与此相关的重要技能还包括好奇心、开放性、成长型思维以及从错误中学习的能力。
- **文化智能。**随着企业跨国运营，远程劳动力增多，以及业务多样化发展（见第 20 章），员工对其他文化、语言和政治及宗教信仰保持敏感变得非常重要。
- **道德。**新技术的进步很可能引发新的伦理困境，因此企业需要有人来帮助它们解决这些问题。

- **领导力**。随着企业采用更加扁平化的管理结构，而不是传统的旧式等级结构（更多相关内容详见第 21 章），公司里的人都能够激发出他人最好的潜能，这个能力变得越来越重要。
- **协作、沟通和团队合作**。具有与各种人群有效沟通的能力将成为第四次工业革命的一项基本技能。企业向远程办公过渡的过程中尤为如此。
- **数字与数据素养**。除了上面提到过的"软"技能，人们还需要熟悉和发展与技术协作的技能。随着数据成为核心业务资产（见第 2 章），企业必须培训员工如何使用数据并从中提取业务价值。

现在让我们把关注点更多地投向人类，看看雇主面临的另外一个重要趋势：如何发掘并留住人才。

经验分享

■■■■

毫无疑问，自动化将给各行各业带来影响，所以企业领导者必须做好准备，让自己的企业和员工做好准备能够应对工作性质的改变，尤其是：

- 首先，了解哪些工作可以实现自动化，哪些不能。智能机器人能够承担的任务范围会让你大吃一惊。
- 其次，关于这一切对人类工作意味着什么，就是理解的问题了。有些工作将被取代，更多的工作将得到增强，还有很多新的工作岗位被创造出来。

- 负责任的自动化，即识别出更适合机器的任务，就可以自动化完成这些任务，把更复杂、更有价值的工作留给人类去完成。
- 在这种混合的工作环境中，人类与机器相互协作。随着组织的形态发生变化（见第 21 章），如共情、创造力、领导力和沟通力这样的技能将成为企业成功的关键。因此企业对其员工队伍进行相应的技能重塑就变得极其重要。

第 20 章

如何发掘并留住人才：
多变的人才库及员工体验

　　如我们在本书中所见，科技促成了新的工作方式，也将影响员工招聘和员工体验。我们先来看看吸引人才本质上的变化性。

在第四次工业革命中发掘、吸引人才

　　某些重要趋势将影响企业招聘人才的方式：

- 随着新冠疫情大流行，84% 的雇主表示，他们将迅速实现工作流程数字化，进而拓展远程办公，将有 44% 的员工有可能转变为远程办公。
- 现在有越来越多的人成为"零工"。仅在美国就有超过 1/3（36%）的工人加入零工经济，超过 90% 的人会考虑从事自由职业。
- 到 2030 年，有 75% 的劳动力构成是千禧一代。而千禧一代非常乐于接受零工经济，他们当中有几乎一半都在使用零工经济平台来找工作。

　　换言之，我们的工作方式正在发生变化。随着更多的年轻人进入劳动力市场，将出现更多的临时工作从业者和远程工作人员。

利用全球人才库

马修·莫托拉（Matthew Mottola）和马修·科特尼（Matthew Coatney）在其所著《人才云：今天的变革者如何利用人工智能和自由职业经济改变工作》（*The Human Cloud: How Today's Changemakers Use Artificial Intelligence and the Freelance Economy to Transform Work*）（本书非常值得一读）中，描述了一种人工智能（见第19章）和自由职业经济结合来改变生产力的新式工作方式。他们认为，传统全职工作将会成为过去，因为企业转变为合同制雇用员工，而合同订约人都是在远程办公。

也就是说，人才库现在已经实现了真正的全球化。你的下一批员工可能真的是来自世界各地，也许是自由职业的订约人，或者机动灵活的零工从业者，或者是全时段远程办公的全职员工。这些员工不必和你的公司同在一个城市，也不必搬家。你也不用再受当地劳动力市场的随意摆布。（更多关于混合办公，或者现场办公与远程办公结合的办公方式，见第21章。）

这对雇主的好处是显而易见的。我坚信开放人才库是一个积极的转变，尤其从多元化的角度看（稍后会详细讨论），但企业也需要反思招聘策略。根据波士顿咨询集团的调查，用人机构可能希望：

- 评估目前的员工队伍，估测达成某些特定工作、项目和任务所存在的差距。
- 提升现有劳动力的技能，要考虑到新兴的任务及工作角色。除此之外，外部招聘也应该这样做。
- 变"技能型招聘"为"意愿型招聘"。如我们在第19章中所讲，技能的半衰期正在缩短，所以具有学习新技能的意愿便成为求职者日趋重要的属性，比专业教育和资历更重要。因此，招聘者必须以开放的心态看待求职者的标准，欣然接受那些自学成才以及那些具有持续学习心态的求职者，而不是那些拥有特定资历、资格认证以及经验的人。

● 有些雇主甚至还没有确定某些人才最适合哪个领域的业务，就选择提前雇用他们，把他们加入自己的"人才库"。

我还想补充一点，如果雇主想最大化获益于"人才库"，他们必须强化其灵活的工作计划，允许更加灵活的工作方式。

建设包容性员工队伍

雇主开发利用全球人才库的能力越来越强。真棒！当然，反过来讲，员工也在越来越多地利用"全球用人机构库"。也就是说，雇主要想吸引最优秀的人才，就必须持续打造他们的雇主品牌。我认为，多元化和包容性将成为这个新式的、更加全球化的就业市场的关键区别因素。正如我们在第 1 章中所见，具有包容性文化企业里的员工感到被重视、被尊重，有归属感，这样的企业获得更佳商业成果的可能性更大。这一点无疑对雇主是具有激励性的。

我希望，更多的全球人才竞争会促使雇主给予多元化和包容性应有的关注。我看到现在有越来越多的雇主会指定专门的人来负责多元化和包容性，这是个好现象。比如在 Netflix，韦尔娜·迈尔斯(Vernā Myers) 自 2018 年以来一直担任包容性战略副总裁，该公司于 2021 年发布了第一份包容性报告。我们来仔细研究一下这份报告的调查结果，看看 Netflix 是如何处理包容性问题的。

首先，包容性是 Netflix 员工在接受调查时被问及的文化价值之一。经过调查，Netflix 发现公司并不如想象中那样具有包容性。但是，正如这份调查报告所述，该公司计划提升其表现，并"培养具有归属感和同盟关系的群体"。报告中说，多元化和包容性"解锁了我们创新、创造和解决问题的能力。它打破了团体迷思，将不同的生活经验和思考视角代入问题，从而不再用老办法来解决问题"。

为了推动包容性，Netflix 有一项被称为"包容性透镜"的活动，鼓励所有的员工提问，例如：谁受到了排挤？谁丧失了发言权？但公司也依赖于招聘人员和领导者在招聘中更具有包容性。特别是在以下方面：

- Netflix 创建了一门培训课程，指导招聘人员在招聘中更富于包容性，为招聘经理提供建议，识别招聘过程中的偏见，以及以非传统的方式寻找求职者。
- 该公司还与传统黑人大学诺福克州立大学（Norfolk State University）共同开办了一个技术训练营，为新兴人才创造机会。
- 同时，因为认识到人们趋向于雇用与自己相似的人，Netflix 包容性招聘团队帮助管理者打破这种模式，通过与 Ghetto 电影学院这样的机构合作，与公司以外的世界建立联系。

这里只是简要概括了一下 Netflix 在全公司范围内改善包容性采取的做法。我推荐你阅读一下它的 2021 年度包容性报告全文。当然，引进人才后，Netflix 希望成为这些求职者留下来发展有意义的职业生涯的地方。于是我们进入本章第二部分：改善员工体验。

改善员工体验

不管你雇用正式员工还是合同订约人，远程团队成员还是办公室职员，你都希望他们能够留在企业中。（毕竟，由于有了零工经济、合同及项目式工作以及公司接受远程办公，对那些工作不开心并且想另谋高就的员工来说，有很多可以选择。）如果你希望人们留在公司里，你就需要提供优质的员工体验。

员工体验与员工敬业度不同，尽管良好的员工体验明显会促成更高的敬业度，但员工体验更是涵盖了员工价值生命周期的每个阶段，从聘用之日到为公司工作的最后一天。以下三个方面也许是一种更容易接受的思考员工体验的方法：

- 企业文化
- 科学技术
- 实际工作环境

我们简要讨论一下每个方面。

构建合适的企业文化

企业文化将公司中的所有人凝聚在一起，集中体现了为企业工作的意义所在。我可以单独就这个话题写一本书，但对我来说，未来的一些关键性文化思考包括如下内容：

- **包容性**（上面已经提到过了）。
- **终身学习**。未来成功的企业将是那些培养终身学习文化的企业。我们知道，数字时代需要不断进行知识升级，也就是说，公司必须投资内部发展计划来确保企业员工具备在第四次工业革命中蓬勃发展所需要的技能（关于技能方面的内容，请参见第 19 章）。而这些培训内容需要以不同形式呈现，以适应未来更敏捷、更灵活、更分散的员工队伍。
- **绩效管理**。我相信未来的绩效管理是为了确保人们理解他们对企业战略目标的贡献，赋予他们作出贡献的责任与自由，然后再嘉奖并庆祝成功。（更多相关内容请参见第 21 章。）

- **真实性。** 真实性不仅对建立与客户的联系和信任很重要，员工也希望与真实的品牌和领导者建立联系。（更多相关内容请参见第22章。）
- **招聘和入职培训。** 通常，作为员工与企业之间的第一次互动（除非他们以前是客户、供应商等），招聘和入职培训提供了一种有意义的方式让员工了解企业文化，让他们会因为得到在公司任职的机会而激动不已。一场糟糕的招聘就足以把这些问题体现得淋漓尽致。

当然，当众多员工远程办公时，如何维持企业文化便是一个新的挑战。更多有关规划混合办公的内容，可以参见下一章。

做好正确的技术准备

如果人们没有完成工作所需的工具，工作动力就会断崖式下降。所以这个方面的内容都是关于为员工赋能，让他们能够顺利完成工作的，但也会提供技术，让员工以希望的方式工作。所谓希望的方式，现在越来越多的情况是指远程办公（如果只是某些时候）。因此，企业将很快需要采用支持远程办公的工具。例如我的一个客户，一家大型科技公司，现在就在推行数字优先会议。意思是说，那些在办公室办公的人也坐在办公桌前采用 Zoom 参加会议，这样就确保那些在家参会的人不会因为"不在办公室"而感觉错过了什么。

根据我的经验，人们在公司所使用的技术往往落后于他们在家使用的技术。或者至少，在新冠疫情大流行之前普遍是这个情况。大流行之后，公司大大加速了新技术的采用。现在，大部分公司都已经常规使用 Slack 和 Zoom 等工具，甚至支持人们把自己的设备带到工作中，所以我们在家日常使用的技术和在工作中使用的技术之间的差距正在缩小。

营造有吸引力的实体环境

我们中的很多人每天有 8 个小时甚至更长的时间花在工作上，所以环境当然需要是干净的、安全的、舒适的、令人愉悦的，希望还能够是激励人心的。如今，这不仅仅意味着要求工作场所本身应该是一个值得花时间待一待的好地方，也是为了确保那些在家工作的人也处于适合的环境中。（我会在第 21 章中谈及更多相关内容。）

这三个方面的员工体验听上去也许像是常识，但就像德勤的调查所说，只有 22% 的高管认为他们的企业表现出色，创造了极好的员工体验（尽管有 80% 的高管承认员工体验对企业成功来说是重要的，或者说是非常重要的）。有的环节出了问题，必须改变。要在第四次工业革命中取得成功，在全球人才库和混合办公所带来的挑战和机遇下，营造绝佳的员工体验是必要的，在我看来，与提供绝佳的客户体验一样重要。

在下一章中我将探讨企业应该如何组织才能在第四次工业革命中取得成功。这个趋势与发掘和留住人才息息相关。

经验分享

▪▪▪▪▪

本章中，我们了解到：

- 我们的工作方式正在发生改变，随着越来越多的年轻人进入劳动力市场，零工工作者和远程工作者越来越多了。雇主现在可以利用全球的人才库。

- 学习新技能的意愿将成为求职者越来越重要的品质。雇主必须保持开放的心态，欣然接受那些对持续学习充满热情的求职者，而不是寻找拥有特定资历、资格认证或者经验的人。
- 多元化和包容性将成为全球人才竞争中的一个关键的区别因素，企业必须帮助招聘人员更加具有包容性地招聘人才。
- 在留住人才方面，员工体验是关键。提供绝佳的员工体验意味着要构建适合的企业文化，做好正确的技术准备，以及营造有吸引力的实体环境（包括对那些远程办公的人）。

第 21 章

组织制胜：
更扁平、更灵活的组织

这一趋势是关于如何组织自己的企业才能在第四次工业革命中获得成功的。无论你就职于一家初创公司，还是大型跨国公司，抑或介于两者之间的公司，组织结构都是嵌入工作与业务的概念中的，让人几乎注意不到。但是结构很重要。正是因为有了结构，才使得企业无论规模大小，都能够成功运营。仔细想一下，结构几乎能够让我们了解企业的一切，包括企业文化和价值。所以说组织结构应该发展和变化是有道理的，就像企业和工作本身的性质正在迅速改变一样。

从等级制结构到更扁平化、更灵活的组织结构

在传统意义上，企业的组织结构层次清晰，而且很严格。但现在情况发生了变化，因为领导者意识到组织结构需要更扁平化、更灵活，才能让企业更迅速地重组团队，应对变化。在某种程度上，这也是针对工作性质的不断变化，尤其是针对自由职业者和远程工作者的激增做出的反应。

现代更扁平化的组织

毫无疑问，你已经熟悉了传统的层次企业结构。或许你现在就处于这样的结构中工作，或许过去做过。它本质上是一个自上而下的系统，每个员工在"阶梯"上有确定的位置，有非常明确的角色和责任分工。也许用"金字塔"来描述比用公司"阶梯"更合适，因为 CEO 坐在最顶端，然后下面的每个层次（依次是部门主管、直线经理、其他人）都更宽大一些，权力也更小一些。

这种结构已经有效实施了几代人的时间。但如今，在这个技术飞速进步以及全球化劳动力市场的时代，情况正在发生转变。我们看到的是更加扁平化的组织结构，它们更像是一些灵活的社群而不是自上而下的金字塔结构。在各种现代组织结构中，扁平化结构采用得最为广泛。某些专家（包括我自己）认为，这将是增长最快的结构。

扁平化组织的主要特征如下：

- **协作。**在一个更为扁平化的组织结构中，部门界限被清除，团队在实现组织战略目标和解决企业所面临的最大挑战等项目中自由合作。（这么做可能需要引入外部承包商或者根据需要访问"人才云"，请参见第 20 章。）

- **自主。**项目团队依照特定的要求和目标进行工作，但他们可以自由选择完成这些项目及达成目标的最佳方式。所以在这个过程中很少或者不需要中间管理层来监督员工，员工可以直接与高层经理或者高管互动。

- **决策。**员工拥有更大的决策权，可以主动决定需要做什么，如何做，以实现企业的目标。（这样可以确保决策速度更快，随之便是创新速度更快。）至于更多的战略性决策，管理人员和高管可以与员工共同完成，或者至少征求他们的反馈。员工会觉得自己的意见被采纳。

- **沟通。**由于部门界限越来越少，组织内沟通迅速而自由。即时消息应用程序经常用来确保企业中人与人的相互沟通。
- **灵活。**在较为扁平化的组织中，职业发展灵活而富有活力，远程办公很常见，员工甚至可以从一个项目"浮动"到另一个项目，从一个团队"浮动"到另一个团队，根据自己的技能和兴趣选择项目，而不是留在一个固定的角色位置上。

跨国制造商惠而浦（Whirlpool）[1]是个很好的例证。惠而浦避免采用传统的职位头衔，而是将所有员工按四类分组：自我领导、领导他人、领导工作、领导企业。组织中的每个人都被视为具有领导作用的人。

在耐克，团队是按产品类型组织的，子部门包括匡威和赫尔利（Hurley）等。这些部门在耐克品牌旗下的运作相当独立，有足够的监督机制来维持耐克品牌的一致性，也可以灵活应对，满足自己客户的需求。团队保持小规模，决策速度快，这些给我们带来了扁平化组织的一个关键优势：创新更快。

速度和创新的重要性

速度是扁平化组织的重要一环，且理由充分。希望本书能让你感受到正在发生的变革其节奏之快。如果企业想跻身于第四次工业革命的竞争大军，就必须认识到，要加速创新。我认为这就意味着：

---

[1] 惠而浦（Whirlpool）：创立于 1911 年，总部位于美国密歇根州的本顿港，是世界上最大的大型家用电器制造商之一。

- 接受"最简可行产品/服务"（MVP）理念。企业领导者必须接受的一个观点是：一般来说，产品和服务的生命周期越来越短，要想成功，就需要不断更新。这就是MVP的价值所在。从本质上讲，MVP的意思是开发一款新产品或服务，让它刚好具备足够客户使用的功能，然后由客户提供反馈，继续改进产品或服务。

- 在组织中构建客户反馈环。客户反馈是MVP最重要的组成部分，但即使不走MVP路线，你的企业也必须聆听客户意见，并确保客户可以感觉到自己的意见被采纳。随着更多的任务实现自动化，这一点将尤其重要（见第19章）。约翰·泽里利（John Zerilli）在他的《公民人工智能指南》（*A Citizen's Guide to Artificial Intelligence*）一书中谈到了"计算机说不"的心态，就是说由算法做出的决定会对客户产生巨大的影响（比如，可以想想抵押贷款应用程序的例子）。如果算法说不，那么能有另外一个反馈渠道听取客户的意见是至关重要的。

- 不要回避自我吞噬（Self-Cannibalization）。企业一定不能惧怕开发新产品和服务，或者建立新的业务单位，从而威胁到他们最赚钱的产品和服务。前瞻性企业意识到，有必要主动吞噬自己的产品，而不能等着让初创公司来做。实际上，大型科技巨头一直在这样做（想想看，苹果的iPhone就导致iPod基本处于闲置状态），其他成功的企业也是如此。例如，当宝洁公司在20世纪40年代推出汰渍（Tide）合成洗涤剂时，它深知这会威胁到本公司深受用户喜爱的象牙肥皂。但它同时也知道，如果自己不做，它的竞争对手就会这样做！

- 在企业中嵌入"内部创业"（Intrapreneurship）文化。这个创业理念是将想法转化为实际的创新行动，并将其移植到企业环境中。换句话说，就是鼓励员工提出新想法，并将其推销给高层领导。研究表明，内部创业精神可以提升员工的敬业度和生产力。

在传统的层次结构中实现这些特征是比较困难的，这就是扁平化组织结构更适合第四次工业革命的一个重要原因。

更小、更有活力的团队：双比萨团队

正如我在前文中所说，在一个更为扁平化的组织中，界限更少，团队可以更加有机地组织起来，也许还包括以松散的形式进入人才云。团队的组织围绕价值进行，意思是说，其侧重点从衡量效率和产出转变为创造客户价值（有关管理绩效的更多内容，稍后会谈及）。不能创造价值的工作将被淘汰。

但更重要的是，扁平化组织中团队规模也更小。亚马逊称其为"双比萨团队"即团队规模相当于吃掉两个比萨的人数。亚马逊发现，小规模团队的合作更好，并进一步推动了公司的创新能力和快速行动能力。这么说是有道理的。较小的团队花在组织工作上的时间也更少，可以把更多的时间放在需要去做的事情上。那么在需要时扩大规模，增加新的生产线和服务方面的能力如何呢？在亚马逊，小团队合作并整合资源，来实现更大的目标。亚马逊把这称为"飞轮"（flywheel）法，即利用规模来创造不断增长的推动力，驱使公司向前发展，而且基本上是势不可当的。这对亚马逊确实有效。

更扁平化组织中的绩效管理

这种结构上的转变对绩效管理意味着什么？在更扁平化、更灵活的组织结构中，团队自我组织，界限松散，如何做到人尽其能？部分答案在于反思员工体验（更多相关内容，见第 20 章）。但同时也要反思，我们该如何定义、衡量和管理绩效。

现代的鼓励式管理绩效

传统的绩效管理倾向于严格控制。在层次设置中，目标被置于顶层，然后层层下移，从一个级别到下一个级别，从小一点的目标到更小的目标。员工的角色被划分成完成特定的任务，由公司来监督任务完成情况。

而在扁平化组织中，这些都行不通。扁平化组织中的绩效管理往往涉及如下情况：

- 同时设置顶层目标和主要支撑目标，这些目标的关注点是结果，而不是产出，就是说它们与组织的总体战略优先级挂钩，而不是更细化地试图控制员工个体工作。这样，每个人都觉得自己在朝着共同的目标努力，团队和个人都明白自己的工作如何直接为企业的成功作出贡献。有一个日益受欢迎的目标设定法叫作目标与关键成果法（OKR），是谷歌青睐的一种方法。简单来讲，"目标"是指列出组织想实现的目标，而"关键成果"描述了成功的样态。
- 让团队和个人在如何实现预期结果方面拥有更多的自主权。因此，在明确共同目标后，扁平化组织会赋予团队和个人自由，让其为了实现目标努力工作，以他们认为最好的方式实现预期结果。
- 用定期的双向 Check-in 机制替代年度绩效评估。持续反馈取代了年度评估，变得越来越普遍，这点很棒，因为它可以让员工更经常性地给予和接收反馈。
- 宣传人们的努力如何让组织受益，如何助力实现战略目标，以此奖励和庆祝成功。

例如，通用电气放弃了年度评估，取而代之的是通过 PD@GE 应用程序进行定期反馈。使用这款应用程序，每个员工都可以设定一系列优先级，并征求反馈意见。他们也可以向他人提供实时反馈，并随时要求对方面谈。

Adobe 也放弃了年度评估程序，因为它占用时间过长，而且给团队合作和创新造成了困难。作为替代，Adobe 转而采用定期的、持续的绩效讨论。其结果是，公司节省了 8 万个管理小时，而自愿离职率下降了 30%，非自愿离职率增加了 50%，这意味着对不合格的员工管理输出的效率更高了。

这些就是关键绩效指标（KPI）的全部了吗？

我很怀疑。这种现代的，更具鼓励性的绩效管理方法实际上具有很强的数字驱动性。可能需要你反思一下评估标准。例如，你也许想就沟通设置新的指标，来评估员工与管理者之间的沟通。

关键绩效指标（KPI）当然可以在新的绩效管理领域中发挥作用。以目标与关键成果法（OKR）为例。OKR 可以帮助你定义组织的战略目标和期望结果，而 KPI 将帮助你根据目标评估绩效。因此，KPI 依然是绩效管理的一个重要组成部分，但必须和组织的目标紧密结合。换言之，仅仅因为你可以这么做就去评估一切是毫无意义的。

灵活而持续的绩效管理方法也适用于零工经济和远程工作者（见第 20 章）。试图扰乱或者控制远程员工或者自由职业者所做的每一件细微的小事是完全没有意义的。更好的办法是让他们参与公司的目标，给予和接受有关项目可交付成果的定期反馈，然后奖励成就。这样就可以让远程员工和自由职业者依然感到与企业的业绩息息相关。说到这点，就引出了我们的下一个主题。

新式混合办公环境

我们正在进入一种新式的工作环境，更多的人会远程办公（见第 20 章），包括员工、自由职业者以及那些零工经济从业者。雇主日渐意识到并乐于接受这一转变。例如拼趣（Pinterest）[1] 在 2020 年花费 9000 万美元退租了在旧金山的一个新总部，理由是要换到一个更远程的办公地点。甲骨文（Oracle）则为了降低缴税和开销从加利福尼亚搬到了得克萨斯，但并没有流失加利福尼亚的员工。软件公司 GitLab 在这条路上走得更远，宣布说它是世界上最大的全员远程办公的公司，1300 名员工分散在 65 个国家。

什么是混合办公？

在混合办公的实施中发现，全员远程或者远程优先（即员工首选在家办公）可能不是所有雇主的选择。不是所有的工作都可以通过远程办公完成。（假如是知识工作者，所有的老板都会问，他们是不是真的每天都需要员工在办公室工作。）所以混合办公的到来弥补了全员远程办公和传统的办公室工作之间的罅隙。基于这个原因，我相信混合办公将会比全员远程办公得到更为广泛的采用。

混合办公本质上是将现场办公和远程办公成功结合，创建健康的弹性组织，同时给予员工在工作地点上的灵活性。灵活性也许还可以延伸到工作时间上，因为有些人可能更乐于在正常办公时间以外的时间工作。

这是否标志着实体建筑设施的终结？可能不会。混合办公只是说将工作场所与远程办公相结合，并不是完全摒弃实体工作场所。毕竟公司还需要有个地方来与客户和团队进行面对面会议（而且很

---

① 拼趣（Pinterest）：成立于 2010 年，图片社交分享网站。

多公司会一直需要生产、存储和物流等活动的场所）。只不过，办公空间的使用方式会发生改变，人们会在某些特定的日子或者需要的时候去办公室。

应对混合办公带来的挑战

人们对远程办公在培训、入职管理和发展具有凝聚力的企业文化等方面的影响有着一定的担忧，而且这种担忧是很有道理的。

目前我在本章中概述的内容，包括向扁平化组织结构的转变以及反思绩效管理等，将有助于克服这些障碍，让组织做好准备，更好地推行混合办公。例如，在绩效管理中关注结果而非产出，让员工和团队自己决定如何取得最佳结果，而且不再需要直线经理密切监督人们的所作所为。员工的持续反馈对监控远程工作时人们的感受也很重要（例如，他们是否觉得与团队其他成员紧密联系，是否因为工作干扰了他们的私人空间而有压力感，等等）。

以下是组织应对混合办公所带来的挑战的另外几种方法：

- **考虑一下你的办公环境需要做出哪些改变。** 例如，你可能需要去掉小隔间和独立工作站，取而代之以更多的协作空间。
- **接受新技术。** 沟通与协作工具，如 Slack、Zoom 和 Facebook 等，其设计初衷是促进远程团队之间的合作与交流。未来，我们甚至会看到扩展现实解决方案的更广应用，以此将人们聚集在一个虚拟空间里（见第 2 章）。请记住，科技的使用也包括将容易实现自动化的日常性任务转给机器来完成（见第 19 章）。
- **建立人际关系。** 面对面的介绍、见面会和团队建设活动在营造团队成员（以及管理者）之间和谐、友爱和信任方面发挥着至关重要的作用。也就是说，在新员工开始居家工作之前，要花时间与他们面对面交流，或者偶尔组织团队成员聚会。之后等这些互动转移到线上时，团队间的纽带已经形成。也就是说，从数字会议和电话会议中腾出时间来制造一些茶水间八卦的时刻，同时鼓励主动电话沟通和在线互动。

- **确保同等对待远程员工与现场员工。**还记得我在第 20 章中提到过的那个转向采用数字优先会议的公司吗（意思是即便在办公室里办公的人也加入 Zoom 参加会议）？这是个非常好的例子，可以保证不会让那些在家办公的人感觉错过了什么。
- **采用完全相同的方式评估远程员工的工作表现。**庆祝成功的方式也要一致。

通过这样的步骤，雇主可以在创新工作实践的机会和完成业务的日常现实中找到平衡。

现在让我们把话题从组织结构和绩效转移到企业的核心部分，尤其是构建组织真实性的要素，以及真实性在第四次工业革命中的重要性等方面。

经验分享

. . . . .

以下是我们在本章中了解到的内容：

- 扁平化组织结构更适合在第四次工业革命中取得成功，因为它支持更快的创新、更大的协作和更小、更灵活的团队。
- 这就促使人们对绩效管理进行反思。领导者并没有规定严格的目标并进行监督，而是根据组织的战略优先级设定目标和预期结果。个人和团队可以自由决定如何更好地为实现这些目标作贡献。取消年度绩效考核，采用与员工持续反馈的方式。

- 对很多公司来说，混合办公是一种优于全员远程办公或者优先远程办公且更容易实现的工作方式。但是在企业文化、士气、沟通等方面依然面临挑战。如科技一样，较为扁平化的组织结构和更加灵活的绩效管理将有助于企业顺利采用混合办公。

第 22 章

真实性：
为什么品牌和领导者要保持真实

　　本书内容始终贯穿的一个主题是，客户寻求与品牌之间建立更有意义的联结。如我们在第 20 章中所见，员工也希望与他们效力的公司之间建立联系。这种对联结的需求使真实性以一种独立的商业趋势存在。

　　真实性有助于培养人际关系，因为作为人类，我们乐于看到品牌（还有商业领袖）展现出重要的人类品质，例如诚实、可靠、同理心、同情心、谦逊，甚至可能还要有一点脆弱和恐惧。我们希望品牌（以及领袖）关注社会议题，而不仅仅是追求盈利。重要的是，我们希望能够信任他们。

企业真实性分析

　　信任非常重要。如消费者调查显示，我们似乎越来越多疑，不仅对企业，还有媒体、政府机关和其他机构。在这样的环境下，在真实性方面声名卓著的品牌会立刻从其他品牌中脱颖而出。研究公司 Stackla 发现，在美国、英国和澳大利亚，86% 的受访者认为真实性是决定他们支持哪些品牌的关键因素。

什么是企业真实性？

这个词含义很模糊，是吧？真实性？毫无疑问，它的含义因人而异，但总的来说，真实性与信任有关。到底什么样的特性会激发信任？

◆ **可靠性**

消费者希望可以依赖某个品牌及其产品，因此，设置了计划性淘汰的产品或者提供劣质服务的公司不大可能激发信任感。一致性至关重要。这个一致性也意味着要做一贯真实的企业。换言之，真实性并不是来年要关注的流行词，而是必须融入企业自身的一种特质。

◆ **尊重**

我说的尊重，是指尊重人（包括那些参与产品制造的人）、尊重文化，最重要的是，尊重我们的环境。更多有关可持续性运营的内容请回溯到第 18 章，有关理性消费内容，请参见第 17 章。

◆ **真实性**

真实性的意思是激发并保持人与人之间有意义的联系。这里"人"是关键词，真实的品牌会避开企业用语，就像人类一样同客户和员工交流。换句话说，公司的警戒线解除。这就使得脆弱和谦逊的特点得以彰显，意味着真实的品牌能够坦承自己的缺点和错误。乐于展现凡事都不完美的一面确实有助于建立信任。这说明品牌没有试图蒙蔽消费者。如信任度整体下滑显示出的那样，很多人开始怀疑他们受到了蒙蔽。那么，我们来看下一个特性。

◆ **透明度**

我们知道，如果想同客户建立一种长期的关系，信任是至关重要的，特别是在这个订阅和服务化的时代（见第 13 章），这种关系的维持依赖于客户透露他们宝贵的个人数据。有一件事能激发信任，那就是透明度。

企业透明度意味着对客户、员工，甚至竞争对手开诚布公（见第 24 章）。如此说来，世界上最值得信赖、最真实的公司在运营方式上保持透明度，也就不足为奇了。它们在企业价值和业务流程上保持透明度，在技术以及技术使用方式方面也持开放态度。

◆ 选择立场

由于大多数消费者都是"信念驱动"（见第 17 章），我们希望品牌也赞成我们所做的事，是有道理的。所以真实的品牌经常会就某些争论话题选取立场，例如反对种族主义或者强调气候危机。企业领导者也日益希望能够坚持自己的信仰（稍后会详细讨论真正的领导力）。

苹果公司就是个很好的例子。该公司在隐私问题上的立场越来越坚定，首先就是禁止法律部门访问人们的 iPhone。最近，苹果公司宣布将推出一项新的隐私保护功能，要求苹果商店里的应用程序必须在取得用户的许可后，才能通过其他应用程序和网站追踪他们的数据。

同样，尽管脸书在透明度和真实性方面还有很多地方需要改进，但这个社交媒体巨头对虚假信息表明立场是件好事。该公司此前曾发起了一项人脸视频深度伪造检测挑战赛（DFDC），邀请参与者提交检测深度伪造视频的模型。2020 年，脸书发布了有史以来最大的深度伪造数据库，以帮助人工智能掌握并识别。

真实、可信、透明的品牌实例

我们来简要介绍几个能够体现信任度、真实性、可靠性和透明度这些概念的品牌。

◆ 阿迪达斯

阿迪达斯是一家常常跻身于最知名、最值得信赖品牌榜上的公司。其中一个原因是：该品牌的标志性产品是鞋类和运动服装。这些产品经常穿在世界上一些令人备受崇拜的运动员身上。阿迪达斯在可持续发展和管理方面也已经取得了巨大进步，对未来还需要做出的改变也直言不讳。它与 Parley 合作，利用回收的海洋塑料生产鞋子（见第 17 章）也是向前迈出的一大步。

◆ 乐高

乐高是另外一个经常出现在最知名品牌榜上的品牌。根据 RepTrak[①] 公司的排名，乐高是 2021 年世界上最值得信赖的品牌（连续两年获此殊荣）。乐高如此值得信任的部分原因是其核心产品没有内在陈旧性。仔细保管好你孩子的乐高，等几十年后你孩子的孩子还可以玩儿。所以，乐高深受孩子的父母、祖父母和孩子本人的一致喜爱。此外，该品牌还转向"体验"领域，例如主题公园和电影，进一步将乐高嵌入人们的家庭生活。出于同样原因，迪士尼在受信赖品牌榜上的排名也很高。

◆ GitLab

GitLab 就是我在第 21 章中提到过的那家全员远程办公的企业，2020 年荣登世界上最具透明度的企业名单榜首。该公司所做的事情几乎都是在公开的场合中完成的，例如直播漏洞修复和补丁更新等。

---

① RepTrak：一家位于马萨诸塞州波士顿的企业软件平台和订阅服务开发商，成立于 2004 年。

◆ Patagonia

与 GitLab 同时出现在最具透明度企业榜单上排名第三的是 Patagonia 公司。该公司为大家所熟知的是将其供应链（见第 18 章）公之于众，让客户知道他们购买的产品来自哪里，从而做出更好的购买选择。

◆ Netflix

与 GitLab 和 Patagonia 同时跻身榜单前十名的还有 Netflix。我喜欢 Netflix 坦诚公开哪些措施有效，哪些根本无效（这让我想起了在第 20 章中提到的 Netflix 的包容性报告）。但 Netflix 也通过其博客发布了许多有趣的幕后技术内容。

真实领导力

真实的企业需要真实的领导者。就像品牌一样，真实的领导者是那些在人性层面上与人建立联系的领导者。真实的领导者能够建立信任。正因为如此，他们可以激发员工和客户的忠诚度。当企业面临越来越多的常规性颠覆与变革时（由社会与技术进步所驱动，见第 1 章），它们现在一定比以往任何时候都需要真实的领导者。

哪些品质让人真实？

在举例前，我们先来讨论一下经常与真实的领导者联系在一起的品质。

◆ 要有同理心

最好的领导者都具有一种难以定义的品质，通常被称为"有心"。作为人类，领导者发自内心，识别并对他人的人性做出回应。

◆ 要诚实

真实的领导者能够激发信任，因为他们表达的一定是他们内心的想法。他们诚实、诚恳、毫不隐瞒，不仅谈成功，也乐于讨论失败和错误。

◆ 要具有强烈的道德感

就像真实的品牌选择立场一样，真实的领导者都有强烈的价值观，并不惧怕公开捍卫这些价值观。但是在你采取立场之前，必须清楚自己的位置，明白什么对你来说是重要的。这就把我们带到了自知之明这个话题。

◆ 要有自知之明

真实的领导者知道他们真正的自我。他们很清楚自己的优势，也知道自己的弱点，并公开分享这些弱点。作为其中的一部分，他们会反思自己的行为、决策和体会，好的和不好的都会反思，并从中汲取经验。

◆ 全然地做自己（包括在社交媒体上）

过去的领导者经常有不同的人格，工作中一个，工作之余又一个。但是在今天这个时代，把你的"完整自我"带到工作中真的非常重要。因此，一个真实领导者的公众形象也反映了他们在私底下是怎样的一个人。他们并不隐藏自己是谁，事实上，他们经常使用社交媒体来展现自我，以及对他们来说重要的事物，而不是让企业传播部门来替他们发声。

这是一个相对较新的发展，在很大程度上是受到社交媒体促动的。在传统意义上，大多数领导者很少出现在企业传播的内容以外的公共场合。但是建立一个真实的数字足迹现在是与客户和员工建立联系的一种重要方式。

真实领导者的实例

以下是几个我觉得非常有激励性的真实领导者实例。

◆ 史蒂夫·乔布斯

乔布斯经常被当作真实领导者的光辉典范，这么说是有充分理由的。他讲话朴实而坦诚，从不掩饰自己的挣扎和失败。2005 年在斯坦福大学的毕业典礼上，乔布斯说："说实话，这是我最接近大学毕业的一次。"接着他描述了自己上大学的经历以及中途辍学的原因。乔布斯并不总是这么容易接近。他是一个"臭名昭著"的完美主义者，据说曾经讲过"如果这件事糟透了，那我就直接告诉对方"，不过他肯定是实话实说。毫无疑问，他激发了人们的忠诚。

◆ 奥普拉·温弗瑞

作为连环创业者和第一位黑人女性亿万富翁，奥普拉（说她的姓氏已经多余了，对吧？）是诚实、透明以及自我意识的缩影。奥普拉曾公开谈论她的创伤性童年、遭到性侵的经历以及少年怀孕。她不惧怕展现出自己脆弱的方面，而是以真实性为中心，建立了一个强大的帝国。

◆ 丹·舒尔曼

PayPal 的首席执行官丹·舒尔曼是一个运用社交媒体来突出问题并支持社会事业的领导者的优秀典范。例如，他用自己的平台发布有关"黑人的命也是命"（Black Lives Matter）的相关内容，更重要的是，在语言支持后还有行动（PayPal 后来承诺提供 5.3 亿美元支持黑人企业）。他还是宗旨型企业的坚决支持者。他说："那些认为利润和宗旨是两个独立的事情的人，我觉得他们并没有真正理解，这两者是不矛盾的。"（更多有关宗旨的内容，请参见第 23 章。）

◆ 米歇尔·罗曼诺

作为金融科技贷款公司 Clearbanc 的联合创始人兼总裁，米歇尔·罗曼诺是另外一位使用社交媒体来展现真实自我的领导者。她在 Instagram 上发布了有关企业家能力和领导力的令人信服的培训视频。新冠疫情大流行期间，罗曼诺敦促人们居家，并利用她的平台来提高人们辨别虚假新闻的意识。

关注问题，然后采取适当的行动，是本章中多次出现的内容。于是我们顺理成章地进入了下一个趋势：宗旨型企业。

经验分享

* * * * *

在本章中，我们了解到：

- 在一个信任度下降的时代，真实性是企业让自己脱颖而出并与受众和员工建立有意义的、持久的关系的一种方式。
- 真实企业的核心品质包括透明度、可信度、真实性以及支持重大问题的意愿。
- 真实的企业需要真实的领导者，他们能够用同理心、诚实和自我意识来领导企业。企业领导者越来越多地把完整的自我带到工作中，经常通过社交媒体，在公众面前展示他们真实的人格和他们的立场。

第 23 章

企业的宗旨：
你的企业为何而存在

这个趋势是指除了利润，还要有更高的期待，也指要让你的企业为了一个有意义的宗旨而存在，一个人们真正可以与之产生联系的宗旨，而不仅仅是为股东提供利润。

宗旨定义了企业存在的理由（不是指企业是什么，或者企业为谁服务，宗旨不同于使命和愿景）。重要的是，一个强大的宗旨必将带来变革，或者对更加美好结果的追求，无论是追求更美好的世界，更好的做事方法，还是任何对企业重要的事情。换言之，宗旨是指为个人、为群体、为社会或者为了我们的星球创造一种积极的影响。

为什么宗旨很重要

宗旨重要是因为它对客户很重要。一项富有开创性的"宗旨的力量"的研究，调查了遍布 8 个市场领域超过 8000 名消费者，让人们就宗旨的力量对 75 个品牌进行评价。调查结果表明，具有明确和强烈的宗旨意识会带来丰厚的商业利益。例如，当品牌有了强烈的宗旨意识，消费者会：

- 从该品牌购买产品的可能性是其他品牌的 4 倍。

- 信任该品牌的可能性是其他品牌的 4 倍。
- 向其他人推荐该品牌的可能性是其他品牌的 4.5 倍。
- 在受到挑战时捍卫该品牌的可能性是其他品牌的 6 倍。

另外，消费者还会认为：

- 在全球范围内，94% 的消费者表示，他们所参与的企业都有强烈的宗旨意识。
- 83% 的消费者认为公司只有在同时产生积极影响的情况下才会盈利。
- 宗旨意识对年轻消费者来说尤为重要，92% 的 Z 世代和千禧一代消费者认为他们会支持有宗旨意识的品牌，相比较而言，婴儿潮一代消费者中这一比例为 77%。考虑到千禧一代估计占全部消费者的 40%，这个数据不容忽视。（另外也可以这么说，宗旨意识将成为雇主想要吸引千禧一代和 Z 世代人才的一个关键因素。）

显然，拥有强烈的宗旨意识是当今市场上竞争客户（和人才）的重要组成部分。宗旨意识还可以带来其他明显的商业利益。根据德勤的调查，真正由宗旨引领的公司可以获得更高的市场份额，增长速度是其竞争对手的 3 倍，并可以获得更高的客户与员工满意度。其他分析表明，有宗旨意识的企业的表现优于股市 42%，而没有宗旨意识的企业其表现劣于股市 40%。

其结果是，公司如果想成功，则必须被公认是一股永久的力量。这么做的代价并非要牺牲利润，相反，它意味着向"有宗旨的利润"转化。英国国家学术院的表述是，企业的宗旨是"要以有益的方式解决人类和地球的问题，而不是造成问题并从中获利"。

寻找宗旨（并为之努力）

显然，问题在于如何让不同的人群（客户、员工、管理人员）为了一个共同的宗旨而团结在一起。企业该如何做，并确定一个有意义的宗旨？

从"为什么"开始

根据曾经创建"宗旨轮"（Purpose Wheel）这一宗旨框架的设计咨询公司 IDEO 的观点，寻找宗旨，首先要问自己一个问题："除了利润，我们存在的理由是什么？"它建议选择以下五种方式之一来回答这个问题，每一种方式的重点都是产生积极的影响：

- 我们的存在是为了创造潜力（通过激发更大的可能性来产生影响）。
- 我们的存在是为了减少摩擦（通过简化和消除障碍来产生影响）。
- 我们的存在是为了促进繁荣（通过支持他人成功来产生影响）。
- 我们的存在是为了鼓励探索（通过捍卫新发现来产生影响）。
- 我们的存在是为了点燃幸福（通过激发快乐来产生影响）。

一旦你确定了自己存在的理由，就可以继续规划如何产生预期的影响。当然，像"宗旨轮"这样的工具是有用的，但在定义宗旨时不必那么严格。有一种可替代性办法是，简单地把你的宗旨，也就是你的企业存在的理由，与我在本书中明确讲到的一个或者多个重要趋势联系起来即可。这些都是社会、企业、个人和我们的星球所面临的最大挑战，所以如果企业能找到一种方法（能够盈利的方法）来解决这些问题，那就再好不过了。

将宗旨转化为行动

宗旨不能只停留在口头上。成功企业会将其宗旨付诸行动。我认为这意味着：

- 将你的宗旨在组织内部和外部做明确的宣传，让客户、雇主、领导者和管理者都能全力支持这一宗旨，在无法达成既定宗旨时向组织追责。于是我想起了下面一项。
- 为实现宗旨在组织的各个层面长期努力。你的宗旨必须渗透到公司的各个方面，包括内部流程、管理以及客户体验。作为其中的一部分，我建议要依据企业的宗旨来评估其影响（例如，评估其环境影响）。未来，我们甚至可能会有更多这样的独立考核，意味着会有独立机构或团体就企业达成的宗旨目标向组织追责。

结束这部分之前，我最后提醒一下有关真实性问题（见第22章）。宗旨很容易走偏，而确定一个不真实的宗旨，即一个对公司行为毫无影响的宗旨，可能还不如根本什么宗旨都没有。所以要做，就做好。这就意味着你可能需要花时间来明确你准备长期为之奋斗的真正的宗旨。

宗旨型企业的例证

我们来研究几个励志的例子，这些公司走在宗旨型企业趋势的领先位置。

诺和诺德

我曾与这家丹麦跨国制药公司合作多年，这是一家在糖尿病治疗方面世界领先的企业，我对其印象深刻。诺和诺德的宗旨很简单：战胜糖尿病。

该公司表示："我们不会允许公司的成功是以类似 2 型糖尿病和肥胖症这样的严重慢性疾病患者的人数稳步增加来定义。我们不愿面对慢性疾病患者所遭遇的痛苦和困难。在某些国家，由于提供或者获取医疗保健的财政负担沉重，人们面临着严重的健康风险。我们致力于帮助社会战胜糖尿病的战略是清晰而明确的，即加速预防 2 型糖尿病和肥胖症，并为各国的弱势患者提供可负担的医疗护理。我们的成功将取决于我们的解决方案，以及人们和社群从中所收获的幸福安康。"

该公司可能并非家喻户晓，但它确实有一个定义明确、志存高远、变革型的宗旨（战胜糖尿病）。此外，它还阐述了实施计划（加速预防糖尿病和提供可负担的医疗护理）以及受益群体（为了慢性疾病和肥胖症患者的利益）。

设定这样的宗旨是相当勇敢的。你想想看，万一诺和诺德真的战胜了糖尿病，那么它存在的理由就消失了。这是秉承宗旨去赚取利润的一个绝好例证。

美体小铺

美体小铺（The Body Shop）① 的宗旨是："我们的存在是为了争取一个更公平、更美丽的世界。我们相信地球是美丽的，人类是善良的，但是这个世界依然需要我们的努力。自然正在遭受人类的摧残，物种在我们的时代经历灭绝，而我们的社会依然令人绝望地处于极度不公平、不平等中。我们的创始人安妮塔·罗迪克夫人

---

① 美体小铺（The Body Shop）：英国护肤品牌，由安妮塔·罗迪克（Anita Roddick）于 1976 年在英国的布莱顿创办。

（Anita Roddick）创建美体小铺是为善良、公正和美好而战。直到今天，这依然是我们一切为之努力的核心。"这其中包括：美体小铺计划帮助全球 4 万名经济贫困者获得工作；承诺 100% 的天然成分来源可追溯、可持续；建造 7500 万平方米的生物桥（野生自然通道），帮助濒危物种健康发展。

添柏岚

谈到吸引和留住人才，将你的宗旨与雇主品牌紧密联系是个不错的办法。这么说是有道理的。户外服装品牌添柏岚（Timberland）很好地展示了雇主如何将员工的日常工作与一个共同的目标联系起来。添柏岚的宗旨是："激励和装扮这个世界，走出去，一起努力，让这个世界更美好。"作为其宗旨的一部分，添柏岚鼓励所有员工成为"地球守护者"，意思是说，他们不必在工作期间丢掉自己的价值观。如社区参与高级经理亚特兰大·麦基尔雷思（Atlanta McIlwraith）所说，"成为地球守护者是指导我们做事的全部理念和方法"。该公司还将其宗旨与影响添柏岚产品生产商的问题联系起来。例如，通过与星球水基金会（Planet Water Foundation）合作，添柏岚计划在缺少清洁饮水的工人社区安装净水塔。

多芬

通过"多芬自信养成计划"（Dove Self-Esteem Project），个人护理品牌多芬（Dove，联合利华旗下品牌）已经致力于解决身体不自信和容貌焦虑的问题。该品牌已经帮助教师、父母和导师对 2000 万名年轻人展开自信教育。在日常生活中，多芬"真美行动"的广告宣传以展现不同身材的女性模特为特点，引起了女性的共鸣。换言之，多芬的存在不仅是为了卖肥皂，而且是为了提高全世界女性的自信。

Warby Parker

我在本书中曾多次提到过眼镜零售商 Warby Parker，这也是宗旨型企业的一个绝佳例证。Warby Parker 的创办以"用颠覆性的价格提供品牌眼镜，并成为最具社会意识企业的引领者"为目的。原因很简单，其创办者不明白为什么眼镜要卖那么贵，他们不过是想让眼镜更实惠而已。同时该公司也回馈社会。通过"买一副，送一副"计划，他们已经向有需要的人发放了 800 万副眼镜。

顽皮熊猫

厕纸制造商顽皮熊猫（Cheeky Panda）的创办为普通木浆厕纸（每天为此要砍伐 2.7 万棵树木）提供了替代品。顽皮熊猫的厕纸原材料是竹子，这种植物生长速度快，不需要肥料，更具可持续性。而且，如其创始人克里斯·福布斯（Chris Forbes）所说，"我们知道大多数普通纸巾中含有氯漂白剂，会引起刺激。秉承做好正确的事的理念，我们制造出了更好的产品"。该公司还是一家共益企业（B Corporation）[①]，获得森林管理委员会（FSC[②]）认证，通过了纯素食认证和零残忍认证。

我喜欢有关宗旨的协作性这一点，它的理念是人们（包括客户和员工）为了共同的目标团结在一起。于是我们进入下一个趋势：企业间的协作与融合。

---

① 共益企业（B Corporation）：英文全称为 Benefit Corporation，是一种新兴的企业认证体系，为那些除了追求经济利益之外注重社会效益和环境效益的企业提供第三方证明。颁发认证的机构叫作 B Lab，是一家非营利组织（NGO）。
② FSC：Forest Stewardship Council，是一个非政府、非营利组织，致力于促进全球社会责任的森林管理。它成立于 1993 年，其发起者为国际上一些希望阻止森林遭到破坏的人士。

经验分享

■■■■

　　我希望大家了解到的本章重点是，要提供一些有意义的东西，让你的受众和员工与之产生联系。以下是要点：

- 宗旨是你的企业存在的理由。强烈的宗旨意识具有明确的进取方向和变革倾向，目的就是为他人的利益产生积极的影响。这样做不会取代利润的重要性，相反，是以盈利的方式更好地发展。
- 客户很可能会根据推荐购买，并保护一个他们认为具有强烈宗旨意识的品牌。宗旨型企业也会比非宗旨型企业在财务业绩方面的表现更为出色。
- 真实性是关键，所以你的企业宗旨必须要转化为长期行为，你必须为之努力。

第 24 章

协作与融合：
一体化协作的新时代

　　我最近正在和一家生产太阳能汽车的初创公司洽谈。只不过它自己不制造任何东西，制造流程中的各个部分都被外包给在这些领域具有专业知识的其他公司。这就提醒我们，我们生活在一个几乎任何东西都可以通过外包来实现的时代。

　　这是可能的，因为全球企业界从未如此协调统一过。而且这样也很棒，因为对共同协作来解决重大企业问题（更不要说人类最大的挑战）有需求是极好的。实际上，未来如果与其他企业没有真正密切的合作关系，要想取得成功就会越发困难。

供应链集成

　　显然，这种伙伴关系与合作的愿景需要一定量的系统和流程集成才能发挥效应。我们能看到的更大规模集成的重要领域也许就是供应链了，与之密切相关的是数据集成（稍后会有更多相关内容）。我相信，未来最成功的企业将是那些将供应链上各公司紧密整合在一起，创建生态系统的公司。

　　供应链倚赖的不仅仅是商品的顺畅流通，更是信息的顺畅流通。所以供应链集成是指不同的利益相关者系统能够在采购、生产计划和物流各阶段毫无障碍地交换信息。换言之，供应链集成就是在整个价值链中创建联结的过程，旨在提高生产，加快响应时间，降低成本和减少浪费。

有了一体化供应链，其中的每个合作伙伴都是受益者。一体化供应链有如下主要特点和优势：

- 可见性：从供应商到客户全透明对做出更好的商业决策非常关键，那么一体化供应链是一个可以提供全面可见性以及实时信息共享的做法。
- 无纸化运营：由于有了软件即服务的迅猛发展（见第 13 章），即便小型企业也可以获得创新的 IT 解决方案，从而实现供应链合作伙伴之间的实时信息共享。
- 灵活性：新冠疫情大流行期间，我们中的大多数人都经历过某种形式的业务中断，而未来，业务中断可能会成为常态（见第 18 章）。一体化供应链从本质上说能够更好地促进中断管理。而且，它们能够让企业对新的市场机遇更快地做出反应。
- 高级分析：一体化供应链倚赖于高度可获取的数据，而这些数据使高级分析成为可能，从而有助于完成诸如识别低效率领域、更好地预测需求以及对潜在事件进行数字模拟等工作。
- 减少浪费：这种联结还让企业减少甚至消除所浪费的时间和材料，从而提高利润。

举个简单的例子，宝洁公司与沃尔玛建立了合作伙伴关系，成为某些产品线的独家供应商。为了实现这一点，它们必须整合后端信息系统来保证宝洁根据各个门店的需要配备库存，而不是过度供应和打折出售（之前安排的配送）。这种更大规模的一体化结果就是，两家公司的销售额都提高了八倍。

如果想整合你的供应链：

- 首先需要确定贵企业目前的一体化水平，以及期望实现的一体化程度。最佳的一体化是指供应链上的所有公司都能够共享数据，并以整齐划一的状态运作，提高效率，满足客户需求。
- 然后要仔细选择愿意深度整合信息流的供应链合作伙伴。记住，一体化会为供应链上的每个环节带来增值。
- 只有到了这个阶段，才能开始整合功能和信息，可以使用相同的软件，或者使用支持合作伙伴间数据流动的工具。这就把我们带到了下一部分内容。

数据集成

数据集成是公司间成功发展伙伴关系的关键，尤其是在供应链领域。我们来探讨一下与数据集成相关的关键技术和趋势。

从我到我们：多方系统的崛起

多方系统是指企业和个人之间顺畅地共享数据，以提高效率和弹复性。区块链大概是多方系统中最著名的例子之一，因为它可以实现各方之间无感支付。

多方系统在新冠疫情流行期间真正发挥了作用，当时的一项调查发现 90% 的高管认为多方系统将使他们更具弹复性，并与合作企业共同创造新的价值。未来，多方系统将发挥更重要的作用，并最终开始模糊企业之间，甚至是不同行业之间的界限。

应用程序接口（API）

应用程序接口（API）其实就是一个后端的机器对机器代码，就像不同程序之间的翻译。你的企业也许已经在用 API 了。如今，从网站中嵌入的视频到汽车仪表盘上的天气预报，API 使一切变得更加便利，而且据估计，B2B 中 25% 的交互都是由 API 来完成的。在供应链中，API 允许数据大规模地在不同合作伙伴之间流通，共享如具体订单的状态或者卡车运输的方位等信息。

电子数据交换

电子数据交换（EDI）是另外一种机器对机器的技术，而这次是指允许业务合作伙伴之间，通过安全连接以一种标准的电子格式交换业务文档。换言之，就是不需要手动发送电子邮件，取而代之的是文档自动从一方传送到另一方，例如有的系统可以自动发送采购订单、发票和付款确认书等文件。据估计，电子数据交换可以将业务周期的速度提高 60% 以上，因为交易在几分钟（甚至几秒钟）之内就可以完成。

作为客户的机器

我认为，这可能是数据集成方面需要关注的最大趋势，可能对普通企业来说也是最具挑战性的趋势。在供应链中，我们倾向于把人类当作客户，但越来越多的情况是机器在收集数据，同时根据数据采取行动，从而有效地将机器转化成了客户。以智能冰箱为例：未来，它们不仅能识别冰箱里的食物，告诉你哪些食物存货不足（见第 11 章），而且还能替你订购。Alexa 设备也有类似功能。我只需要说一句，"Alexa，买面包"，它就把面包添加到我的购物车里了。这是机器进入供应链的开始，是联网机器成为市场的开始。

你的企业会如何促进这种机器驱动的销售？比如你是一家零售商，还没有考虑过如何将智能助手和联网机器整合到供应链中，那你的企业在不久的将来可能会岌岌可危了。因为，记住我的话，外面已经有竞争对手在虎视眈眈了。

要说明一点，这一趋势可能涉及整整一系列的智能机器，而不仅仅是数字助手和家用电器。从理论上讲，从汽车到工厂机器人，这些机器未来都可以承担订购或者服务型任务。

竞合：与竞争对手合作

信息共享日渐发展，可能并不会局限于供应链合作伙伴之间。事实上，越来越多的企业在选择与它们的竞争对手合作，从而充分利用市场机会。这便是竞合，即合作与竞争的结合，是业务整合的另一个重要趋势。

这似乎有点违反直觉，但耶鲁大学管理学院的一项研究表明，与竞争对手共享具体信息在某些情况下是个不错的主意。简单来讲，该研究表明，为了获取更大价值和充分利用机会，企业有时也需要让竞争对手意识到机会。特斯拉就是个很好的例子。特斯拉允许其他公司使用其电动汽车专利技术，目的是促进更广泛的电动汽车产业的发展。另一个例子是三星和索尼在 21 世纪初一起分担平板 LED 电视的研发成本。我们来详细探讨一下其他的一些例子。

汽车联盟

如特斯拉的例子所示，竞合在汽车行业尤其普遍。这一理念源自宝马和戴姆勒以 10 亿欧元合作发展一系列移动出行服务的想法，包括自动驾驶、叫车服务和汽车按使用付费等。而福特和大众达成一致，共同探讨电动汽车和自动驾驶汽车方面的合作方式；本田则向通用汽车的自动驾驶部门投资 28 亿美元。

如我们在第 8 章中所讲，移动出行正在进入巨大的变革时代，其主要趋势是电气化、自动驾驶和服务化。但在这些领域开发新产品和服务是相当昂贵和复杂的，所以联合能够降低风险，分散成本负担，促进创新，以及改善规模经济的说法也就可以理解了。这些制造商深知如果它们不协同合作，就会被像优步和 Waymo① 这样的技术公司超越。这些公司有着无穷无尽的专业技术和貌似用不完的资金。

疫苗研发

新冠病毒的疫苗研发速度确实惊人。在不到一年的时间内生产疫苗，而且有些疫苗的有效率超过 90%，这在新冠疫情大流行之前是不可想象的，如果没有科学家和制药公司以及生物技术公司间的竞合，也是无法实现的。比如阿斯利康（AstraZeneca）② 和牛津大学之间的合作。这家医药巨头联络牛津，提议生产一种低成本，但双方可能都没有什么利润可赚的疫苗。合作结果就是生产出一种每剂售价 4 美元左右的疫苗。这个价格仅仅是竞争对手价格的零头。其他还有辉瑞公司（Pfizer）和生物技术公司 BioNTech③ 合作，使用信使核糖核酸（mRNA）技术制造出了一款全新疫苗。

这些合作显然得到了回报，因为不管是牛津 / 阿斯利康的疫苗还是辉瑞 /BioNTech 的疫苗（在本文撰写之时）都是目前市场上采用最广泛的疫苗，分别在 166 个国家和 101 个国家使用。相比之下，作为全球五大制药公司之一，生产埃博拉疫苗的默克公司决定单独研制新冠病毒疫苗，但由于早期结果不佳最终放弃了试验。

---

① Waymo：一家研发自动驾驶汽车的公司，最初是 2009 年由谷歌开启的一项自动驾驶汽车计划，2016 年从谷歌独立出来，成为 Alphabet 公司旗下子公司。

② 阿斯利康（AstraZeneca）：全球领先的制药公司，由前瑞典阿斯特拉公司和前英国捷利康公司于 1999 年合并而成，全球总部位于英国伦敦。

③ BioNTech：德国一家生物技术公司，成立于 2008 年，一直致力于开创性研发癌症和其他重症的新型治疗药物。

银行与技术

在第 9 章中，我们看到科技界正日渐渗入传统银行和金融服务提供商的领域。所以当谷歌宣布将在其谷歌 Pay 应用程序中推出数字银行账户时，你也许会感到惊讶，包括 BBVA[①] 和 BMO[②] 在内的八家美国银行都同意冒这个风险，与谷歌合作。但是，仔细想想，这其实是双赢。银行受益于谷歌的前端直观用户体验和专业知识分析，而谷歌则不必管理这些数字优先账户的财务。更重要的是，客户将受益于内置的预算工具和财务预测，深知自己的钱保存在由联邦监管的账户中。

作为本书中探讨的最后一个趋势，我们来看看能够让各类公司都获得资金、发展业务的新的融资形式。

经验分享

■ ■ ■ ■

在本章中，我们了解到：

- 未来的供应链将日益一体化，供应链上的每一个合作伙伴都将毫无障碍地通过数字系统共享信息。合作伙伴间的数据集成将在供应链一体化中发挥关键作用。
- 公司必须把进入供应链的机器当作客户。你的公司将如何把机器融入供应链，并更便利地生成由机器驱动的订单？

---

① BBVA：Banco Bilbao Vizcaya Argentaria，西班牙对外银行。
② BMO：Bank of Montreal，加拿大蒙特利尔银行。

- 有时候，与竞争对手协作并共享信息能够带来竞争优势，特别是在涉及共同承担创新的复杂性和成本负担，以及改善规模经济时。

第 25 章

新的融资形式：
企业融资的社会化

我们都知道，企业需要资金才能发展。在传统意义上，这些资金来源于贷款或者出售企业的股权。这两种方法都涉及必须通过如银行、经纪人和投资基金等把关人，可能会给某些企业获得资金造成困难。例如，创建 IPO 是个复杂而漫长的过程。

现在，企业产生融资的方式正在发生变化。新的平台和机制出现，并在企业与投资者和捐助者之间建立联系。许多新方法受到去中心化金融运动所驱动（其中诸如借贷和交易等金融服务是通过公共的去中心化区块链网络，在点对点网络中进行的）。

本章概括了可能影响到公司未来融资方式的四个趋势：

- 众筹
- 首次代币发行（ICO①）
- 令牌化（Tokenization）
- 特殊目的收购公司（SPAC②）

---

① ICO：英文全称为 Initial Coin Offerings，是区块链行业的一种融资方式，指通过发行代币（Token）的方式进行融资。
② SPAC：英文全称为 Special Purpose Acquisition Company，是一种为公司上市服务的金融工具。

显然，接纳任何一种新的金融机制（一定注意，对投资者来说尤为如此）都存在风险，所以在进行下一步之前你需要准确了解你将进入的机制。本章只是简要概括这些融资方法，所以你一定要自己做好调研。但是我坚信它们会为企业带来振奋人心的机会，让企业能够筹集资金，发展壮大。

让众筹走进大众

众筹已经存在了一段时间，它大概是本章中最为人熟知的融资方法。迄今为止，全世界有超过 340 亿美元的资金是通过众筹的方法筹集的。

众筹本质上是指为了某个目标或创业机会，通过众筹平台在企业和投资者之间建立联系，以此筹集资金。人们可能认为众筹是个人或者创意人筹集资金的方式（确实，像《美眉校探》等电影就已经采用众筹方式了），但它也是企业（包括初创公司和知名企业）筹集资金的合法途径。

Indiegogo[1] 和 Kickstarter[2] 是为大家所熟知的综合性众筹平台（两者都有很好的业绩纪录）。此外，还有许多其他平台也专门从事特定类型的融资。例如，SeedInvest Technology 的目标是寻求需要资金的初创公司，Mightycause 帮助非营利组织和个人为其事业筹集资金，Patreon 在帮助艺术家和其他创意人与投资人建立联系。我认为，PledgeCamp 是值得关注的一个比较有趣的平台，因为它将众筹和区块链结合在了一起。该平台旨在增强透明度并解决与众

---

[1] Indiegogo：成立于 2008 年，全球最大的科创新品首发和众筹平台，总部位于旧金山，是美国最早的众筹平台之一。

[2] Kickstarter：美国众筹平台，于 2009 年 4 月在美国纽约成立，2015 年 9 月 22 日宣布重新改组为"公益公司"。

筹相关的信任问题，同时使用智能合约和"支持者保险"，让资助者更安心。

下面是几个成功的众筹活动：

- Oculus[①]虚拟现实头显的诞生得益于一场众筹活动，它在 30 天内筹集了 24 亿美元。该公司后来被脸书以 20 亿美元收购。最初的众筹支持者都很懊恼，后悔没有在公司获得巨大成功的时候受益。
- Dash 无线智能入耳式耳机，有点类似于健身追踪器，在 50 天内从 1.6 万名支持者那里筹集到了 330 多万美元。
- 爆炸猫游戏（Exploding Kittens）创造了 Kickstarter 的历史。它从 219382 名支持者那里筹集了 870 万美元，成为 Kickstarter 有史以来支持者最多的众筹活动。

跳过 IPO：首次代币发行（ICO）

你一定听说过 IPO。ICO 呢，就相当于加密货币的 IPO。但 ICO 不像 IPO 那样向投资者出售股票，而是从支持者那里筹集资金，支持者则获得相当于股票的区块链：一种加密货币代币或者原生代币。除了 ICO 的支持者可能会从投资中获得回报（而众筹的支持者实际上是在"捐"钱）这一点，ICO 有点像众筹活动。这就是为什么 ICO 有时候也被称为众售（Crowdsales）。ICO 不同于众筹和 IPO 的地方还在于其支持者是使用数字货币来购买代币的。

ICO 在初创公司中比在老牌公司中更受欢迎，尤其受区块链初

---

① Oculus：成立于 2012 年，在美国众筹网站 Kickstarter 上总共筹资近 250 万美元，于 2014 年 7 月被 Fockkoek（现 Meta）宣布以 20 亿美元的价格收购。

创公司欢迎。例如，区块链智能技术公司 Sirin Labs[①] 通过 ICO 募集了 1.578 亿美元的惊人投资（最初 24 小时筹集的资金就超过了 1 亿美元）。这还不是最成功的 ICO。基于区块链的数据存储公司 Filecoin 在一小时内净赚 1.35 亿美元，最终融资 2.57 亿美元。

可以公平地讲，最初的 ICO "淘金热"已经过去。但根据公司的不同情况，ICO 依然可以是一种相当强大的融资方式。不过，对投资者来说 ICO 也有劣势，即 ICO 的操作（目前）非常不规范，有的甚至后来被发现有欺诈行为。

资产的令牌化

与 ICO 密切相关的是资产的令牌化。资产被分化成区块链代币，所以人们可以投资于房产或者艺术品这样的一部分资产。但从理论上讲代币可以用于任何种类的房产。其基本理念是，既然有那么多的人想要从这张大饼中分得一块，那为什么不给他们呢？因此，令牌化让投资者可以购买大概只占标的资产极小比例的代币。

令牌化与 ICO 的区别是什么？其实，ICO 是令牌化的一种类型。但除了 ICO，还有其他类型，于是有了"令牌化"这个更广义的词。主要区别在于，代币可以用来代表真实的、可交易的资产或者证券。（实际上，这些代币通常被称为"安全令牌"。）所以代币可以代表公司的股份，房地产的部分所有权，一件艺术品的股权，一项投资基金的参股，或者甚至代表像黄金这样的商品。关键是，标的资产可以在二级市场进行交易，这就让投资者更心安。

到目前为止，著名的令牌化例子都来自房地产领域，但未来这

---

① Sirin Labs：以色列公司，成立于 2013 年，2016 年 4 月，获 7200 万美元融资，主打先进通信技术。

一情况可能会发生改变。例如，曼哈顿一个价值3000万美元的豪华公寓开发项目成为以太坊区块链上令牌化的第一个重要资产。

令牌化对企业的明显优势是，企业不需要通过传统的把关人就可以改善融资的方式。（它甚至可以改变未来企业投资资产的方式。）而对投资者来说，令牌化使投资世界民主化。简单来说，就是代币比其他投资方式更加容易获取，但依然需要克服一些困难。其中监管就是一个很模糊的领域，而且如果令牌化没有得到全面监管的话，它的吸引力就会减弱。

特殊目的收购公司（SPAC）

SPAC不是什么新鲜事，但近年来确实发展势头良好。SPAC在2020年筹集到830亿美元，而2021年1月仅在美国就融资260亿美元。本文成文之时，SPAC的宣传铺天盖地。有人说泡沫迟早会破，但显然没有人知道未来会发生什么。

到底什么是SPAC？SPAC也被称为"空白支票公司"，是一种空壳公司，专门通过IPO筹集资金，收购私人公司并最终使其上市。这些SPAC在首次公开募股时并没有实际业务，甚至没有明确的收购目标（通常会有一个理想中的收购目标，只是没有公开宣布）。因此，这是一种不需要传统IPO的文书工作，也没有传统IPO严格的一种筹集资金方式。

在筹集了所需资金后，SPAC有两年的时间完成收购（如果没有完成，则资金必须退还给投资者）。一旦并购完成，因为该公司通常是已经在主要的证券交易所上市的公司，这将为投资者带来巨大的好处。

例如，由风险投资人查马斯·帕利哈皮蒂亚（Chamath Palihapitiya）创办的SPAC以8亿美元的价格收购了维珍银河

（Virgin Galactic）①49% 的股份，然后在 2019 年将该公司送上市
（帕利哈皮蒂亚后来以 2 亿美元的价格出售了他在维珍银河的所有
个人股份）。维珍集团本身也在利用 SPAC 来筹集资金。2021 年 3
月，维珍创办了第三家 SPAC 公司，即维珍集团收购 III（Virgin
Group Acquisition III），由维珍集团的首席执行官和首席信息官
引领，期望筹资高达 5 亿美元。

有趣的是，SPAC 的投资者并不知道他们最终会投资哪家公司，
所以就有了"空白支票公司"这个名称。这显然是 SPAC 的缺点。
到底 SPAC 为什么能吸引到投资者呢？通常，是因为 SPAC 背后的
管理团队。意思是说，SPAC 团队基本上由具有特定行业知识、经
验丰富的高管组成。

必须注意，因为 SPAC 不像常规 IPO 那样受到同样严格的
审查，所以它们确实给投资者带来了风险。但这种情况会有所改
善，因为美国证券交易委员会（SEC）②主席杰伊·克莱顿（Jay
Clayton）曾经表示，SEC 正在密切关注 SPAC。且观望一下，看
SPAC 未来何去何从，应该是很有意思的。

我们就此结束了有关企业运作的重要趋势讨论。在下一章中，
我们将为企业领导者提出最后的思考和启示。

---

① 维珍银河（Virgin Galactic）：是一家民用商业载人航天服务公司，维珍银河太空船是世
   界上第一架商业太空船。
② 美国证券交易委员会（SEC）：1934 年根据证券交易法令而成立，是直属美国联邦的独立
   准司法机构，负责美国的证券监督和管理工作，是美国证券行业的最高机构。其总部在华
   盛顿特区。

经验分享

■■■■

在本章中，我们了解到如下内容：

- 在商业金融领域发生了很多事情，新的融资和投资机制正在开始发挥作用，值得跟进了解该领域的最新进展。
- 得益于众筹、ICO、令牌化和 SPAC 等趋势，资金获得更加容易，也更加公平。摩擦也在减少，因为通常没有把关人参与其中。
- 尽管如此，依然存在风险，对投资者而言尤其如此。预计在未来几年，我们将看到针对非传统方式融资的监管进一步加强。

未来之路
通向何方

第五部分

在本书中，我们已经讨论了很多趋势，从全球变革和技术大趋势到特定行业变革和更宽泛的企业趋势。

毫无疑问，你想知道未来之路通向何方。本书每一章末尾的"经验分享"环节是非常实用的小结部分，你在揣摩各个趋势以及该趋势将如何影响你的企业时可以重新翻到那里看看。不过我还是想给大家留下一些更具普遍性的经验和启示，一些我坚信每一位企业领导者在应对这些趋势时都应该牢记的经验和启示。

往下读，看看是哪些经验和启示。

第 26 章

写在最后的话：
给企业领导者的四大启示

大概因为我说要讲一些令人振奋的趋势，你被吸引着一直读到了现在。但到现在应该很清楚了，这本书中讲的其实都是关于弹复性的。并非本书中所探讨的趋势不振奋人心，不具有变革性，这些它们都有，但将所有趋势紧密结合在一起的是对具有弹复性、适应性强的企业的需求，这样的企业能够应对快速变化，顺应第四次工业革命。我希望本书的内容会让你思考一下，自己的企业到底是否具有弹复性，也希望它会引发企业有关未来发展方向、产品趋势以及运营方式的讨论。

对于读到的内容，你继续消化理解。下面我再来讲讲企业领导者务必牢记的四大启示，即：

- 这不是自选式自助餐。
- 速度和适应性是关键。
- 牢记人的方面。
- 投资我们真正想要的未来。

这不是自选式自助餐

我认为，弹复性意味着要考查所有趋势，并确定你的企业已经做好准备。当然，本书中提到过的成功公司，包括苹果、亚马逊、特斯拉、微软、耐克、迪士尼、欧莱雅等，它们正在着手应对多个（即使不是全部）我们曾经讨论过的趋势，而不是只挑选其中几个趋势来集中应对，忽略了其他。

当然，根据你所处的行业，其中某些趋势对你的企业要比对其他企业更加重要。我的观点是，不要忽视其余的趋势或者不要认为它们无关紧要。相信我，外面一定有个竞争对手，也许是一个"厚颜无耻"的新贵，在等着过来填补空白。

你的企业所面临的一些最大的机会应该就在于各个趋势的交叉。换言之，本书谈及的诸多科技趋势都是相互关联的，是创新的动力之源，反过来又推动了许多非科技趋势。例如，5G 将推动虚拟现实硬件方面的进步，而硬件的进步又会反过来帮助企业创造更富沉浸式的体验（教育工作者提供更具沉浸式的内容等）；人工智能将促进基因编辑的发展，基因编辑的发展又将带来农业和食品工业的变革。人工智能将（确确实实地）促进自动驾驶汽车的进步，从而彻底改变我们所熟知的汽车和交通运输业（尤其是与服务化趋势相结合的时候）。

最具前瞻性的企业正在努力确保能够了解每一个企业趋势，找到它们之间的联系，并在趋势的交叉中寻求机遇。

速度和适应性是关键

弹复性企业是指那些能够迅速适应变革的企业。希望本书已经充分说明了变革速度之快。要跟上变革的脚步很难，而我是以一个未来主义者的身份说出这句话的。未来主义者的工作不仅仅要跟上变革，还要展望未来。然而，变革的步伐只会越来越快，所以企业领导者必须努力跟上最新发展，建设一个适应需求的企业（通过更扁平化、更灵活的组织结构，投资适合21世纪需要的技能，找到人类与机器间的理想平衡，等等）。

最后，当企业针对这些趋势做出反应后，失误也会随之而来，并引起关注。特斯拉允许客户使用比特币支付这个例子浮现在我的脑海中。对一个创建原则是生产对地球危害较小的电动汽车公司来说，在能源与环境成本巨大的情况下，允许客户使用比特币支付顶多是让人讶异，而它因此遭到了猛烈的抨击。那么特斯拉是怎么做的呢？它再次适应变化，就在我马上结束本书写作的时候特斯拉宣布，出于环境考虑，它将不再接受比特币。

和特斯拉一样，你的企业也需要保持这样的适应性。我还认为，建设具有适应性的企业意味着避免过度依赖技术。如果下一次大流行是数据大流行（见第18章），那么所有企业都会遭受重创，但那些拥有多种渠道（不只是数字渠道）走向市场的企业将更加具有适应性。

牢记人的方面

本书中探讨的许多趋势都由技术驱动，但我们需要把人类置于企业一切行为的中心地位。也就是说，在应对这些趋势时要对客户与员工保持密切关注。

思考每一种趋势时，先问问自己：

- 这一趋势对我的客户来说意味着什么？它将如何影响客户的需求，如何影响我们吸引客户的方式？我们将如何构建客户反馈循环，来确保我们把事情做好？

- 如何确保我们依然是一个以人为中心的企业，而人是企业最重要的资产？我们的企业文化需要改变吗？什么是人类与科技之间的恰当平衡？如何确保我们的员工拥有完成工作所需的技能，并适应角色的改变？

投资我们真正想要的未来

作为行业的领导者，我们有机会，甚至可以说有义务来应对世界上最大的挑战，并创造一个我们真正想要的未来。一方面它意味着建设我们引以为豪的企业，另一方面也意味着让世界变得更美好（有价值的盈利，而非通过造成伤害获利）。

我认为，未来比较好的一种方式是企业领导者就本书中概括的趋势进行思考，加以理解，然后采取相应的行动，但也要将行动与如谦逊、好奇心、同理心、脆弱和创造力等明确无误的人类品质相结合。如果坚持人性，我相信我们将更好地应对这个世界以及我们这些生活在其中的人类所面临的挑战。

最后，我想让大家关注一下"联合国的 17 个可持续发展目标"。这些目标不仅准确指出我们正面临的挑战，还包括应对策略，是企业领导者和决策者绝佳的起点。

致谢

　　我感到非常幸运，能够致力于日新月异的未来趋势及主题研究；同时也深感荣幸，能够与各行各业的企业与政府机构合作，帮助它们做好准备顺应未来趋势，创建策略，走向成功。正是这份工作让我得以每天坚持学习，否则也就没有这本书的面世。

　　我要向一直帮助我走到今天的人致以谢意，合作公司所有优秀的伙伴，他们信任我来帮助他们，同时也让我收获了诸多新的知识和经验。我还要感谢所有与我分享想法的人，无论是面对面的交流，还是在我的播客或者 YouTube 的对话中，抑或在他们自己的博客文章、书中以及其他任何出版形式的内容里。感谢你们慷慨分享的所有内容，让我每天理解和吸收！何其有幸，我能够结识多位重要的商业思想家、未来学家和思想领袖。我希望你们了解，我是多么重视你们传递的信息以及我们之间的交流。

　　感谢我的编辑和出版团队给予我的所有帮助和支持。任何一本书从想法到出版都是团队努力的结果。我衷心感谢各位的投入及帮助，谢谢安妮·奈特、凯莉·拉布鲁姆和普雷姆库马尔·纳拉亚南。

　　我要向我的妻子克莱尔以及我们的三个孩子索菲亚、詹姆斯和奥利弗致以最深切的谢意，是他们给了我灵感、动力和空间，让我完成心中所爱：学习并分享我的想法，让我们的世界更加美好。